Ich-Marketing

Inhalt

Grundlagen für gute Eigen-PR

Jeder Mensch – und sei er auch noch so unauffällig und zurückhaltend – hinterlässt bei den anderen Eindrücke. Es ist ganz einfach nicht möglich, nicht zu wirken – wenn auch häufig unbewusst und nicht unbedingt zum eigenen Vorteil. Clevere und hilfreiche PR in eigener Sache hat nichts mit Show, coolem Auftreten und der Vorspiegelung falscher Tatsachen zu tun. Es geht darum, sich als individuelle Persönlichkeit zu präsentieren, authentisch zu sein und überzeugend aufzutreten.

→ interview

> Ich habe immer gedacht, dass es
> nichts mit mir zu tun hat, ob andere
> mich gut finden oder nicht. Dass die
> Wellenlänge einfach stimmt — oder
> eben nicht.
> Bis ich mich selbst besser kennen
> gelernt und gemerkt habe, was ich bei
> anderen auslöse. Oft sind es kleine
> Dinge und blöde Gewohnheiten, mit
> denen man sich und anderen das Leben
> schwer macht, ohne es überhaupt zu
> merken. Und man wundert sich, warum
> die anderen nicht so reagieren, wie
> man eigentlich will.

DIE INNERE EINSTELLUNG ZÄHLT

Sie warten darauf, dass Ihr Chef endlich merkt, was er an Ihnen hat und Sie bei Ihrem Vorankommen entsprechend unterstützt? Sie fragen sich, wie lange es noch dauern kann, bis Ihr Potenzial endlich gesehen und gefördert wird? Vielleicht gehören Sie zu den Leuten, die sich nicht selbst in Szene setzen wollen und lieber warten, bis von außen etwas an sie herangetragen wird. Natürlich gibt es sie, die

Chefs, die ein gutes Gespür für Menschen haben und verborgene Talente aufzuspüren und zu fördern wissen. Doch das ist nicht die Regel, sondern eher die Ausnahme. Besser als sich bedeckt zu halten und darauf zu bauen, dass Ihr Engagement und Ihre Talente hoffentlich irgendwann einmal bemerkt werden, ist es, selbst die Dinge anzupacken und den ersten Schritt zu tun.

Pro-aktiv sein

Warten Sie nicht passiv ab, bis Sie von anderen entdeckt oder ermuntert werden. Pro-aktiv zu sein bedeutet, selbst in Aktion zu treten und dadurch die Aufmerksamkeit auf sich zu lenken.

Damit ist nicht gemeint, dass Sie hyperaktiv und laut werden und an allen Ecken und Enden etwas in die Wege leiten sollen. Abgesehen davon, dass ein solches Verhalten sehr leicht das Etikett »aufdringlich und arrogant« einbringt und Türen verschließen kann, passt es möglicherweise überhaupt nicht zu Ihnen. Gute Selbst-PR bedeutet, auf sich aufmerksam zu machen und gleichzeitig im Einklang mit sich selbst zu bleiben.

Pro-aktiv denken

Das Bild, das andere von Ihnen haben, kommt nicht von ungefähr, sondern hat sehr viel mit Ihnen und Ihrem Verhalten zu tun. Sie selbst sind Baumeister Ihres Images, Sie können es also verändern, stärken oder ausbauen. Pro-aktiv zu sein bedeutet, sich des eigenen Anteils an der »Schublade«, in der man steckt, bewusst zu werden, um anschließend mit dieser Erkenntnis arbeiten zu können. Konzentrieren Sie sich auf sich selbst und darauf, wie Sie – in Übereinstimmung mit Ihrer Persönlichkeit – wirken und was Sie erreichen wollen.

Die Hindernisse im eigenen Kopf sind oft die, die sich am schwersten überwinden lassen. Am lähmendsten ist die Überzeugung, dass einem die Hände gebunden sind und die Dinge einfach so sind, wie sie sind. Pro-aktives

→ **a u f g a b e**

Versetzen Sie sich in die Lage der Menschen, mit denen Sie zusammenarbeiten – zum Beispiel eines Kollegen oder Ihres Chefs – und beobachten Sie sich einmal aus dieser Perspektive. Stellen Sie sich folgende Fragen: Wie wirke ich – engagiert oder eher zurückhaltend? Würde ich mich in den Kreis der viel versprechenden, weil aktiven und selbstbestimmten Mitarbeiter einreihen? Wenn nein, warum nicht und was sollte ich anders machen?

Denken bedeutet, Ausschau nach Möglichkeiten und Chancen zu halten, anstatt sich selbst in Ketten zu legen. Es gibt immer einen Handlungsspielraum, den Sie ausschöpfen können. Sie sind nie nur von den Umständen abhängig und durch die anderen, den Chef, die Firma oder die Kollegen festgelegt, sondern ein wesentlicher Teil des Ganzen. Wenn Sie mit einer Sache nicht zufrieden sind, müssen Sie sich nicht zwangsläufig damit abfinden.

Sie können Ihre Situation analysieren, sich für die gewünschten Veränderungen einsetzen und aktiv zu einer Verbesserung beitragen. Sie können sich auch nach einem anderen Arbeitsplatz umsehen, wenn das die beste Alternative ist.

Pro-aktiv auftreten

Wie pro-aktiv Sie wirken und wie viel man Ihnen aufgrund dessen zutraut, hängt in erster Linie davon ab, mit welcher Einstellung Sie an Ihre Aufgaben herangehen und wie Sie sie lösen.

Es gibt Menschen, die ihren Job zwar perfekt erledigen, aber anscheinend ohne innere Beteiligung, ohne jede Begeisterung und wirkliche Motivation. Die Wahrscheinlichkeit, dass man dadurch positiv auffällt und als viel versprechender Kandidat für neue Herausforderungen oder gar eine verantwortungsvollere Tätigkeit gilt, ist ziemlich gering. Bestimmt würden auch Sie einen Mitarbeiter bevorzugen, der seine Aufgaben mit Elan und Freude erledigt und Eigeninitiative zeigt.

Wer weiß, was er will und das auch klar kommuniziert, hat gute Aussichten auf Erfolg.

Kommunikationsfähigkeit ist eine der wichtigsten Voraussetzungen, um im (Berufs-) Leben erfolgreich zu sein. Ein wesentlicher Teil davon besteht darin, die Initiative zu übernehmen, aktiv auf andere zuzugehen und Beziehungen zu knüpfen, anstatt abzuwarten und bloß zu reagieren. Natürlich ist es wichtig, dass Sie sich selbst treu bleiben und nicht in die Rolle der extrovertierten Kollegin schlüpfen, die jederzeit und mit allen Gespräche anfängt, wenn das Ihrer Persönlichkeit nicht entspricht. Es geht darum, Interesse an den anderen zu zeigen, etwas über sich selbst zu erzählen, sich als Persönlichkeit greifbar zu machen und sich aktiv am Firmenleben zu beteiligen.

Sie haben sich viele Gedanken gemacht und ziemlich klare Vorstellungen davon, dass und wie Sie sich weiterentwickeln wollen? Sie streben einen größeren Aufgabenbereich an? Dann sollten Sie dieses Wissen nicht für sich behalten und hoffen, dass Sie irgendwann die Chance dazu bekommen werden. Treten Sie in Aktion, gehen Sie auf den relevanten Gesprächspartner zu und kommunizieren Sie Ihre Wünsche, Ziele und Pläne. Auch wenn Sie noch keine konkreten Pläne haben, sollten Sie das Gespräch suchen und herausfinden, welche Möglichkeiten es für Sie gibt. Klären Sie, welche Erwartungen man an Sie hat, welche Ansprüche gestellt werden und was Sie tun können, um sich optimal vorzubereiten.

Es wäre schade, eine Gelegenheit zu verpassen, weil niemand von Ihren Ambitionen weiß. Vergessen Sie nie: Auch Ihre Vorgesetzten sind nur Menschen und können keine Gedanken lesen.

Pro-Aktivität hat – wie sie hier verstanden wird – nichts mit großspurigem Auftreten und purer Durchsetzungskraft zu tun. Es geht darum, aktiv daran zu arbeiten, die eigenen Potenziale auszuschöpfen und erfolgreich zu sein. Aus diesem Grunde ist es wichtig, dass Sie sich nicht über Wert verkaufen oder leichtfertig Versprechungen machen, die Sie dann nicht halten können. Seien Sie selbstkritisch und schieben Sie Schwächen und Defizite nicht einfach beiseite. Machen Sie sich schlau und schlagen Sie von sich aus ein

! tipp

Fühlen und verhalten Sie sich so, als ob Sie den Traumjob oder die interessante Aufgabe bereits hätten. Damit ist nicht gemeint, dass Sie aufdringlich sein und sich in den Vordergrund drängen sollen. Es geht darum, Talente und Begabungen sichtbar zu machen und von sich zu überzeugen.

Training vor, um beispielsweise Ihre Sprachkenntnisse zu verbessern. Sie wirken viel glaubwürdiger und souveräner, wenn Sie kritische Punkte selbst ansprechen und nach Wegen suchen, um eventuelle Defizite auszugleichen. Außerdem steigern Sie so die Wahrscheinlichkeit, dass Sie Ihren neuen Aufga-

benbereich mit Bravour und zu Ihrer eigenen Zufriedenheit bewältigen werden – ein wesentlicher Baustein einer erfolgreichen Karriere.

Pro-Aktivität sollte die konstruktive Grundstimmung sein, die sowohl Ihre Gedanken als auch Ihre Handlungen beeinflusst. Kurz gesagt geht es dabei um die Überzeugung, dass es möglich ist und sich lohnt, die Zügel in die Hand zu nehmen und zu behalten. Das heißt nicht, dass Sie immer hundertprozentig und auf direktem Weg das erhalten, was Sie haben möchten. Aber es bedeutet mit Sicherheit, dass Sie sich aktiv und stark fühlen, sich selbst etwas zutrauen und auch bei anderen so ankommen.

Aufmerksam sein und Chancen wahrnehmen

Manche Menschen scheinen das Glück magisch anzuziehen: Sie sind zur richtigen Zeit am richtigen Ort und die Türen öffnen sich ihnen scheinbar wie von selbst. Doch das kommt nicht von ungefähr. Wenn man genauer hinsieht, zeigen sich zwei Dinge: Erstens wissen diese Menschen ziemlich genau, was sie wollen. Und zweitens ergreifen sie alle viel versprechenden Möglichkeiten beim Schopf, um ihre Fähigkeiten unter Beweis zu stellen und auszubauen. Je besser Sie sich selbst kennen und je klarere Vorstellungen Sie davon haben, in welche Richtung Sie sich weiterentwickeln wollen, umso gezielter können Sie vorgehen. Nur dann erkennen Sie nämlich sich bietende Chancen auch als solche und können bewusst auswählen, welche Sie ergreifen wollen und welche nicht.

Augen und Ohren offen halten

Der beste Nährboden für Gelegenheiten und Chancen ist Interesse, Engagement und Aufmerksamkeit für das, was um Sie herum vorgeht. Mal angenommen, Sie wären in der Chefposition: Würden Sie jemanden in die engere Wahl für eine Beförderung ziehen, der sich abkapselt und offenbar nur wenig für das Unternehmen übrig hat? Wohl kaum. Abgesehen davon riskiert man durch zu wenig Engagement, wichtige und interessante Informationen zu verpassen – beispielsweise über interne Umstrukturierungen, die neue Arbeitsbereiche mit sich bringen werden – und verdirbt sich selbst die Chance, rechtzeitig die Weichen zu stellen und sich pro-aktiv zu bewerben.

Chancen und Gelegenheiten kommen viel eher auf Sie zu, wenn Sie aufmerksam sind und sich mit Power und Engagement einbringen. Interessieren Sie sich für Ihr Umfeld, Ihre Kollegen und Ihre Chefs! Und erhöhen Sie so die Chancen, informiert und involviert zu werden.

Nehmen Sie sich nicht selbst den Wind aus den Segeln, indem Sie davon ausgehen, dass man erst von einer bestimmten Position aufwärts überhaupt Chancen bekommt. Oder nur dann, wenn man schon viele Jahre bei der Firma ist. Solche Überzeugungen sind extrem kontraproduktiv, weil sie den Blick für die Realität trüben und verhindern, dass Sie Chancen überhaupt erkennen können. Lähmen Sie sich nicht selbst, sondern halten Sie

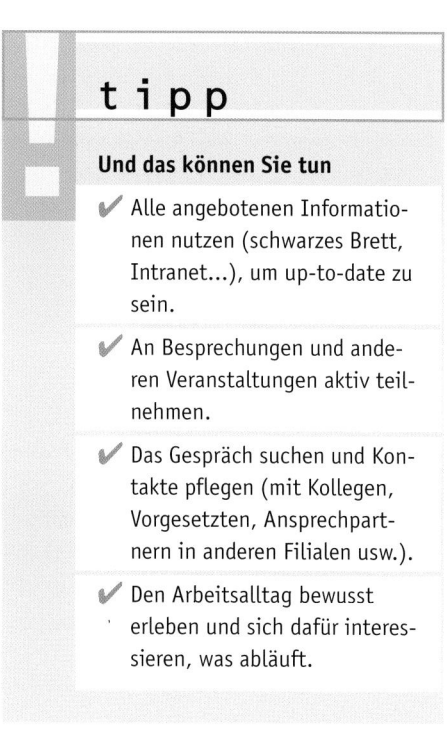

tipp

Und das können Sie tun

- ✔ Alle angebotenen Informationen nutzen (schwarzes Brett, Intranet...), um up-to-date zu sein.
- ✔ An Besprechungen und anderen Veranstaltungen aktiv teilnehmen.
- ✔ Das Gespräch suchen und Kontakte pflegen (mit Kollegen, Vorgesetzten, Ansprechpartnern in anderen Filialen usw.).
- ✔ Den Arbeitsalltag bewusst erleben und sich dafür interessieren, was abläuft.

Augen und Ohren offen, erleben Sie Ihre konkrete Situation ganz intensiv und bringen Sie sich ein.

Chancen im Alltag wahrnehmen

Wer ernten will, muss auch säen, sagt man. Und tatsächlich: Normalerweise ergeben sich Möglichkeiten nicht einfach so aus heiterem Himmel, sondern sind das Resultat von Aktivität und Engagement. Chancen sind nicht erst dann Chancen, wenn sie in Form einer Beförderung oder einer Erweiterung Ihrer Verantwortlichkeit vor Ihnen stehen.

aufgabe

✔ Seien Sie offen für Situationen, in denen Sie Ihre Fähigkeiten und Ihr Engagement beweisen können.

✔ Überlegen Sie sich – auch ohne offizielle Aufforderung – Lösungen, wenn etwas nicht so gut läuft, und schlagen Sie diese Alternativen vor.

✔ Übernehmen Sie die Rolle des Stellvertreters und suchen Sie das Gespräch mit dem Chef, wenn Ihr Team ihm etwas mitteilen möchte.

✔ Engagieren Sie sich von sich aus, wenn beispielsweise ein Personalengpass herrscht. Beweisen Sie, dass man sich auf Sie verlassen kann. Das heißt nicht, dass Sie alles auf Ihre Schultern nehmen und sich selbst ausbeuten sollen. Sondern nur, dass Sie sich auch in Ausnahmesituationen als aktive und souveräne Persönlichkeit zeigen.

✔ Gehen Sie von sich aus auf den Chef zu, wenn Sie Informationen haben möchten. Zeigen Sie, dass Sie sich für das Unternehmen interessieren.

Das Ganze beginnt viel früher und viel unspektakulärer, nämlich im ganz normalen Arbeitsalltag. Sie haben Tag für Tag die Möglichkeit, sich als engagierten und viel versprechenden Mitarbeiter zu präsentieren und Ihr Umfeld von Ihren Qualitäten zu überzeugen: Indem Sie die anstehenden Dinge beherzt anpacken und konstruktiv mit den anderen zusammenarbeiten.

Und bestimmt gibt es auch bei Ihnen offiziell angekündigte Gelegenheiten, um Ihr Engagement unter Beweis zu stellen und sich von Ihrer besten Seite zu zeigen. In manchen Unternehmen werden beispielsweise Pilotprojekte durchgeführt, um neue Arbeitsweisen zu erproben. Eine wunderbare Gelegenheit, sich freiwillig zu melden und durch aktive Teilnahme zu glänzen. Vielleicht plant die Firmenleitung demnächst eine Mitarbeiterbefragung und braucht Leute, die sie bei der Planung und Durchführung unterstützen. Oder Ihr Unternehmen befindet sich gerade in einer schwierigen Umstrukturierungsphase: Lassen Sie sich nicht entmutigen und von negativen Stimmungen runterziehen, sondern richten Sie Ihr Augenmerk darauf, wie Sie gemeinsam mit den anderen das Beste aus der Situation machen können. Überlegen Sie, welchen Beitrag Sie leisten könnten, sprechen Sie mit Ihrem Chef und packen Sie die Sache an.

Seine Chancen zu nutzen bedeutet, dass Sie zunächst einmal Arbeit, Energie und Zeit investieren müssen. Doch der Aufwand lohnt sich: Denn so bauen Sie ein positives Image auf und zeigen, was tatsächlich in Ihnen steckt.

Offizielle Chancen nutzen

Gespräche mit Ihrem Vorgesetzten sollten Sie immer als Chance sehen und nutzen: um Ihre Leistungen und Potenziale überzeugend darzustellen und Ihre Vorstellungen, Erwartungen und Ziele einzubringen. Machen Sie sich vorher ausführliche und fundierte Gedanken, bereiten Sie sich intensiv vor und nutzen Sie den Dialog mit Ihrem Chef auch, um über Ihre Zukunft zu sprechen. Schildern Sie Ihre Pläne und Ziele, lassen Sie sich Feedback und Vorschläge dazu geben, wie es für Sie weitergehen könnte. Selbst wenn sich herausstellen sollte, dass es in Ihrem aktuellen Unternehmen keine echte Herausforderung für Sie gibt, haben Sie gewonnen: die Chance nämlich, sich gegebenenfalls neu zu orientieren und woanders anzufangen.

Möglicherweise sind Sie in der glücklichen Lage, dass Ihr Chef auf Sie zukommt und Ihnen ein Angebot macht: neue Aufgaben, mehr Verantwortung oder gar eine leitende Position. Herzlichen Glückwunsch!

Im Prinzip gibt es zwei Arten von Menschen: diejenigen, die sich ohne zu zögern alles zutrauen, die Herausforderungen unterschätzen und deshalb nicht wirklich gut und erfolgreich sein werden. Und die anderen, die dazu neigen, sich selbst zu unterschätzen und sich aus Unsicherheit selbst den Weg verbauen. Wie immer ist auch hier der goldene Mittelweg am vielversprechendsten.

aufgabe

Prüfen Sie sich selbst

Andere trauen Ihnen mehr zu als Sie selbst? Ihr Chef will Sie befördern und Sie zögern? Warum? Wovor genau haben Sie Angst?

Es ist gut, selbstkritisch zu sein und sich nicht zu überschätzen. Aber schlagen Sie keine Chancen aus, nur weil Sie überkritisch und allzu vorsichtig sind. Gehen Sie in sich, machen Sie sich Ihre Befürchtungen und Ihre Erwartungen klar. Schauen Sie genau hin und führen Sie sich vor Augen, was Sie alles können und bereits erreicht haben. Am besten besprechen Sie das Ganze mit Ihrem Chef oder jemandem, der Ihrem Selbstwertgefühl gut tut und gleichzeitig objektiv und pragmatisch ist.

Wählerisch sein – auch bei Chancen!

Viele denken, dass sie unbedingt zugreifen müssen, wenn sich irgendeine Gelegenheit zum Weiterkommen bietet. Dabei ist nicht alles, was als Chance daherkommt, auch tatsächlich eine – selbst wenn es bedeutet, eine weitere Stufe Ihrer persönlichen Karriereleiter zu erklimmen.

Abgesehen davon, dass es den meisten Menschen im Beruf auch darum geht, Erfüllung zu finden, Potenziale auszuleben und ganz einfach gut zu sein in dem, was sie tun, kommt es leicht zu falschem Timing. Wer übereilte Entscheidungen trifft und sich überschätzt, läuft Gefahr, der neuen Aufgabe nicht gerecht zu werden, sich überfordert zu fühlen, tatsächlich überfordert zu sein oder gar zu scheitern. Die bessere Strategie ist, überlegt und sehr bewusst auszuwählen – und auch einmal nein zu sagen. Denn nur weil Sie sich jetzt einer Aufgabe nicht wirklich gewachsen fühlen, heißt das noch lange nicht, dass das für immer so bleiben muss! Machen Sie sich Ihre Defizite klar und überlegen Sie, wie Sie sie ausgleichen und sich weiterentwickeln können. Begründen Sie Ihre Entscheidung gut und besprechen Sie Ihre Pläne mit Ihrem Vorgesetzten. Sie werden sehen: Diese Strategie ist nicht nur positiv für Ihr Image als verantwortungsvoller und selbstbewusster Mensch. Sie werden früher oder später eine neue Chance bekommen – und das ist dann die richtige für Sie.

Authentisch sein

Viele Menschen denken, dass sie nur dann anerkannt werden und es zu etwas bringen können, wenn sie sich in hohem Maße dem Umfeld anpassen und bloß nicht aus der Reihe tanzen. Die Erfolgsstrategie besteht dann darin, die jeweiligen Erwartungen der anderen möglichst gut kennen zu lernen und sich darauf einzustellen, sich also so zu geben und zu benehmen, dass man Fettnäpfchen vermeidet und immer gut ankommt. Natürlich ist es

wichtig, auf die eigene Wirkung zu achten und sich auf das jeweilige Umfeld einzustimmen. Aber sich hinter einer Fassade zu verstecken und ständig auf die Außenwirkung bedacht zu sein, ist nicht nur anstrengend, sondern kann richtiggehend kontraproduktiv sein. Menschen, die sich dauernd verbiegen und hinter einer Maske verbergen, tun sich selbst nichts Gutes. Natürlich kann man sich an Versteckspiele und Schauspielerei gewöhnen und sogar sehr gut darin werden: Mit Selbstwertgefühl und echter, innerer Sicherheit hat das aber wenig zu tun. Und das bleibt dem Umfeld – zumindest auf Dauer – nicht verborgen. Bestimmt kennen auch Sie Menschen, die sich zwar sehr gewandt und sicher geben, aber trotzdem den Eindruck hinterlassen, innere Unsicherheit zu überspielen oder nicht wirklich etwas zu bieten zu haben.

Arbeitszeit ist Lebenszeit. Deshalb ist es wichtig, sich selbst treu zu bleiben und auf Schauspielerei zu verzichten.

Persönliche Stärke, selbstbewusstes und überzeugendes Auftreten haben viel damit zu tun, wie sehr Sie Sie selbst sind. Natürlich ist es sinnvoll und hilfreich, an sich zu arbeiten und die Dinge zu verändern und zu verbessern, mit denen Sie sich selbst das Leben schwer machen und bei anderen anecken. Doch das funktioniert am besten, wenn Sie sich als Persönlichkeit annehmen und Ihre speziellen Fähigkeiten allmählich ausbauen, anstatt sie mit Verhaltensweisen zu übertünchen, die gar nicht zu Ihnen passen.

Klarheit und Offenheit – gepaart mit dem nötigen Fingerspitzengefühl – gehören zu den Eigenschaften, die von den meisten Menschen sehr geschätzt werden. Genau diesen Bonus verspielen sich Menschen, die ständig auf ihre Worte und Handlungen achten, um sich bloß

nicht in die Nesseln zu setzen: denn sie wirken leicht unecht und gekünstelt. Man bekommt kein richtiges Gespür für solche Menschen und weiß nie wirklich, woran man mit ihnen ist und ob man sich im Zweifelsfall auf sie verlassen kann. Vertrauen und echte Beziehungen können auf dieser Basis kaum entstehen.

Bestimmt haben auch Sie schon Menschen erlebt, die sehr freundlich und zuvorkommend sind, aber irgendwie das Gefühl vermitteln, es nicht ehrlich zu meinen. Wer freundlich tut, aber es im Grunde nicht wirklich so meint oder nur auf den eigenen Vorteil aus ist, der kommt in der Regel nicht gut an.

Das Ziel guter Selbst-PR ist, den Platz zu finden und zu behalten, an dem man die eigenen Potenziale ausleben und sich selbst verwirklichen kann: die passende Aufgabe, das richtige Ambiente, die richtigen Leute. Das erreicht man nur, wenn man authentisch bleibt und keine Mogelpackung verkauft. Was haben Sie davon, wenn Sie es schaffen, Ihren wahren Charakter, Ihre fachlichen und persönlichen Defizite erfolgreich zu verbergen und einen Job zu bekommen, der Ihnen gar nicht entspricht?

Natürlich ist Authenzität nicht nur wichtig, wenn Sie auf der Suche nach einem neuen Job sind, sondern auch im Arbeitsalltag.

Es gibt viele Menschen, die nicht besonders glücklich mit ihrem Job sind, weil sie sich als Persönlichkeit verkannt fühlen. »Ich kann hier nicht so sein, wie ich eigentlich bin. Die anderen lassen mich einfach nicht!«, heißt es dann gerne. Diese Reaktion ist verständlich und sie lässt sich leicht nachvollziehen. Aber sie ist auch gefährlich, weil völlig außer Acht

→ **aufgabe**

Wählen Sie zehn Eigenschaftswörter, um Ihre Persönlichkeit zu beschreiben, wenn Sie mit Freunden zusammen sind.

Und dann notieren Sie zehn Eigenschaftswörter, um sich am Arbeitsplatz zu beschreiben.

Gibt es Abweichungen? Wie authentisch verhalten Sie sich im Job? Wie sehr leben Sie gegen sich? Welches Bild vermitteln Sie?

gelassen wird, dass man selbst sehr viel mit dem Bild zu tun hat, das andere von einem haben. Wenn jemand zum Beispiel das Image hat, sehr introvertiert zu sein, sich abzukapseln und sich kaum für die anderen und seine jeweiligen Aufgaben zu interessieren, kommt das nicht von ungefähr, sondern hat mit dem tatsächlichen Auftreten und Verhalten zu tun. Es kann ja sein, dass der Betreffende im Grunde seines Herzens – und im Privatleben – sehr kontaktfreudig und kommunikativ ist: Wenn diese Persönlichkeitszüge – aus welchen Gründen auch immer – im Arbeitsalltag verborgen werden und man eine Rolle spielt, passiert es zwangsläufig, dass die anderen die wahre Persönlichkeit gar nicht kennen können. Nur wenn Sie sich so geben, wie Sie sind, sind Sie für andere wirklich greifbar.

Auch im Umgang mit Vorgesetzten oder anderen Autoritäten sollten Sie authentisch bleiben und keine Show abziehen. Natürlich ist es verständlich, dass Sie perfekt erscheinen und sich keine Blöße geben wollen. Doch damit setzen Sie sich selbst unter den enormen Druck, in jeder Hinsicht und immer perfekt sein zu müssen. Die Gefahr ist sehr groß, dass Sie genau das Gegenteil erreichen und verkrampft, gekünstelt und unsicher wirken. Vergessen Sie nie, dass auch Vorgesetzte ganz normale Menschen sind, die Sie kennen lernen und richtig einschätzen wollen.

Versuchen Sie nicht, etwas zu sein, was Sie einfach nicht sind! Abgesehen davon, dass Sie dauernd schauspielern müssen und sich kaum im Einklang mit sich selbst fühlen, ist die Gefahr sehr groß, dass Sie am falschen Platz

beispiel

Authentisch sein bedeutet,

✔ dass Sie sich selbst kennen und als individuelle Persönlichkeit präsentieren.

✔ dass Sie Ihre Stärken zeigen und ausleben.

✔ dass Sie Ihre weniger starken Seiten kennen, Defizite zugeben und an ihnen arbeiten.

✔ dass das, was Sie sagen und zeigen, für Sie auch stimmt.

Authentisch sein bedeutet nicht,

✔ dass Sie alles über sich sagen und jede kleinste Schwäche preisgeben.

✔ dass Sie schonungslos offen sind und immer Ihre Meinung sagen.

✔ dass Sie allen Ihren Stimmungen und Launen nachgeben.

✔ dass Sie nach dem Motto »So bin ich eben!« leben.

landen und dort festsitzen. Wie schade wäre es, wenn Sie Ihre wirklichen Potenziale nicht nutzen könnten, weil Sie sich »erfolgreich« als eine andere Person ausgegeben haben!

interview

Beim Thema Selbstdarstellung und Image geht doch bei
den meisten gleich der Rollladen runter. Weil sie
sofort an Ellbogenmentalität und Marktschreierei denken. Dabei ist das Gegenteil der Fall: Wer sich immer
in den Mittelpunkt drängt, so viel wie möglich über
sich selbst redet und mit allen Mitteln dafür sorgt,
dass er nicht übersehen werden kann, verbaut sich
viele Chancen: Denn gutes Ich-Marketing verlangt vor
allem soziale Kompetenz und die Fähigkeit zum
Teamwork.

GEFÜHL FÜR ANDERE

Die Voraussetzung dafür, andere für sich zu gewinnen, Unterstützung und Loyalität zu bekommen, ist Vertrauen. Und das erreicht man nicht, indem man sich in den Vordergrund drängt und andere in den Schatten stellt. Ganz im Gegenteil! Wenn Sie wirklich anerkannt und geschätzt werden wollen, sollten Sie den Menschen, mit denen Sie zu tun haben, Anerkennung und Wertschätzung entgegenbringen.

Am besten hinterfragen Sie eigene Erfahrungen. Wen unterstützen Sie lieber: jemanden mit Fingerspitzengefühl oder den absoluten Einzelkämpfer?

Auf Offenheit und Vertrauen bauen

Es ist kein Zufall, dass soziale Kompetenz bereits seit einiger Zeit als eine der wichtigsten Voraussetzungen für beruflichen Erfolg gilt – und das beschränkt sich keineswegs auf Führungspositionen. Die Zeiten der Einzelkämpfer sind schon lange vorbei und jeder ist Teil eines mehr oder weniger engen sozialen Netzes. Ebenso unbestritten ist die Tatsache, dass das Image, das man bei anderen Menschen genießt, deutlich mehr Einfluss auf das berufliche Vorankommen hat als fachliche Leistungen und Engagement.

Damit keine Missverständnisse aufkommen: Das heißt nicht, dass Sie fachliche Kompetenz und Einsatz getrost links liegen lassen können und sich nur noch um die Pflege der zwischenmenschlichen Beziehungen kümmern sollen. Es bedeutet, dass Sie auf andere Menschen angewiesen sind und die Qualität Ihrer Beziehungen einen wesentlichen Einfluss darauf hat, wie man Sie sieht, mit welcher Unterstützung Sie rechnen können und wie sehr man Sie schätzt.

Auch Chefs sind Menschen. Natürlich weiß das jeder, aber trotzdem sehen und behandeln nur die wenigsten ihre Vorgesetzten und andere Schlüsselpersonen entsprechend. Bemühen Sie sich darum, ein menschliches, offenes und persönliches Verhältnis mit Ihren Vorgesetzten aufzubauen und zu pflegen – anstatt auf Distanz zu gehen und sie auf ihre Funktion als Chefs zu reduzieren. Jeder braucht und genießt es, von anderen als Individuum wahrgenommen und anerkannt zu werden.

Damit ist natürlich auf keinen Fall gemeint, dass Sie sich einschmeicheln sollen. Nur wenn Sie ehrlich an einem guten und konstruktiven Kontakt mit Ihrem Chef interessiert sind und sich dafür engagieren, kommt die richtige Botschaft an.

Noch immer wird häufig die Meinung vertreten, dass man sich im Arbeitsleben auf das Geschäftliche beschränken und alles Persönliche ausklammern soll. Doch jeder weiß aus eigener Erfahrung, dass das schlicht und einfach nicht funktioniert. Die persönliche Ebene

Wer sich anerkannt fühlt und andere anerkennt, hat auch im Job mehr Erfolg und mehr Spaß.

→

beispiel

Angenommen, einer Ihrer Kollegen möchte, dass Sie ihm eine bestimmte Aufgabe abnehmen. Er hat sich sehr viele Gedanken gemacht, hat die besten Argumente auf seiner Seite und – rein sachlich betrachtet – einen sehr guten Vorschlag. Allerdings ist der Kollege nicht einer von denen, mit denen Sie gerne zu tun haben: Er ist im Arbeitsalltag sehr zurückhaltend, zeigt wenig Interesse an den anderen und bemüht sich kaum um gute Zusammenarbeit. Im Gespräch mit Ihnen erläutert er sehr detailliert und rhetorisch geschickt, warum sein Vorschlag sinnvoll ist und dass Sie die Aufgabe unbedingt übernehmen müssen. Wie groß sind seine Chancen, dass Sie ihm zustimmen und gerne kooperieren?

lungen zu verwirklichen sowie gleichzeitig Rücksicht auf andere zu nehmen und sie einzubeziehen. Keine Frage: Pro-Aktivität und Authentizität sind wichtige Eigenschaften, um voranzukommen und etwas aus sich zu machen. Aber wirklich erfolgreich werden Sie nur sein, wenn Sie auch Fingerspitzengefühl zeigen und andere gerne mit Ihnen zusammenarbeiten. Ansonsten kann Ihre Pro-Aktivität leicht als Rücksichtslosigkeit oder Wichtigtuerei interpretiert werden und bringt Ihnen Minuspunkte ein. Und wer authentisch sein damit verwechselt, seine Launen und Stimmungen auszuleben, stößt andere vor den Kopf, belastet die zwischenmenschlichen Beziehungen und schadet sich damit selbst.

Schenken Sie deshalb den Menschen, mit denen Sie zu tun haben, Aufmerksamkeit und Interesse. Das sind die Grundlagen für gute und angenehme Beziehungen und somit für ein konstruktives Klima, in dem Sie selbst sich entfalten und aufblühen können.

Positive Erwartungen haben

Da sich Gedanken und Erwartungen unmittelbar auf das Verhalten auswirken, ist es nicht egal, wie Sie über andere denken.
Voraussetzung dafür, freundlich und respektvoll behandelt zu werden, ist, selbst freundlich und respektvoll auf die anderen zuzugehen. Wenn Sie positive und konstruktive Beziehungen anstreben, sollten Sie einfach davon ausgehen, dass andere Menschen den gleichen Wunsch haben. Dass Ihre Vorgesetzten und Kollegen Sie schätzen und keine bösen Absichten haben. Dass alle ihr Bestes geben wollen,

ist immer präsent und bildet gewissermaßen den Nährboden, auf dem jeder Austausch, die Gespräche und die Zusammenarbeit ablaufen. Wenn Sie nur auf das achten, was Sie inhaltlich sagen, aber die menschliche Dimension vergessen oder nicht so wichtig nehmen, vergeben Sie sich viele Chancen.
Die Schwierigkeit besteht darin, den goldenen Mittelweg zu finden: die eigenen Vorstel-

auch wenn es manchmal nicht so aussieht. Bestimmt haben Sie schon vom Phänomen der sich selbst erfüllenden Prophezeiungen gehört oder selbst erlebt, wie Erwartungen Realität werden. Versuchen Sie es einfach: Gehen Sie immer davon aus, dass die anderen Interesse an Ihnen und Ihren Ideen haben und auf eine gute Beziehung mit Ihnen setzen. Zwar werden Sie auch dann nicht immer und überall sofort auf Entgegenkommen und Unterstützung treffen. Aber Sie werden sehen, dass sich diese Überzeugungen auf Ihr Wohlbefinden und indirekt auch auf die Menschen in Ihrer Umgebung auswirken.

Das gilt auch für Ihren Chef. Wenn Sie davon ausgehen, dass er Sie nicht besonders schätzt oder Ihr Talent und Engagement einfach nicht wahrnehmen will, ist die Wahrscheinlichkeit sehr groß, dass Sie tatsächlich genau so behandelt werden.

Zum Glück funktioniert es auch umgekehrt: Wenn Sie sich selbst davon überzeugen, dass Ihr Vorgesetzter sich für Sie und Ihre Leistung interessiert, viel von Ihnen hält und Sie auch persönlich mag, begegnen Sie ihm mit einer positiven und selbstbewussten Ausstrahlung. Und das hat Auswirkungen. Probieren Sie es!

Taktgefühl beweisen

»Was du nicht willst, dass man dir tu ...« Diese Redensart bringt auf den Punkt, worauf es in zwischenmenschlichen Beziehungen ganz besonders ankommt. Genau wie Sie selbst will jeder mit seiner ganz speziellen Wesensart respektiert und ernst genommen werden. Beweisen Sie Toleranz, Souveränität und menschliche Stärke, indem Sie niemals andere in ihrer Persönlichkeit angreifen, herabsetzen oder das Gesicht verlieren lassen. Natürlich ist das einfacher gesagt als getan: Aber sich zurückzuhalten, taktvoll und menschlich mit anderen umzugehen, kann man üben und sich zur Gewohnheit machen. Führen Sie sich einfach immer wieder vor Augen, wie Sie selbst am liebsten behandelt werden. Wenn Sie fair, großzügig und taktvoll sind, können Sie damit rechnen, dass andere sich auch Ihnen gegenüber so verhalten. Gleichzeitig erwerben und pflegen Sie das Image, vertrauenswürdig und feinfühlig zu sein und über emotionale Intelligenz zu verfügen – sowohl privat als auch im Geschäftsleben eine der wichtigsten Voraussetzungen für den erfolgreichen Umgang mit anderen.

Aus scheinbar harmlosen Tuscheleien werden schnell handfeste Intrigen.

! tipp

Trotz aller guten Vorsätze ist Ihnen der Geduldsfaden gerissen und Sie haben sich im Ton vergriffen? Das kann passieren. Wichtig ist, dass Sie die Sache nicht einfach auf sich beruhen lassen oder sich in Selbstvorwürfen ergehen. Nehmen Sie die Dinge in die Hand und entschuldigen Sie sich bei der betreffenden Person. Sie werden sehen, wie erleichternd das für Sie selbst ist und wie positiv sich dieses Verhalten auf Ihre Beziehung auswirkt.

Individuelle Beziehungen aufbauen und pflegen

Es gibt kein Patentrezept für den erfolgreichen Umgang mit anderen Menschen. Außer dem einen: Machen Sie sich die Mühe, jeden einzelnen in seiner Persönlichkeit zu erfassen und entsprechend auf ihn einzugehen. Jeder genießt es, persönlich angesprochen zu werden und das Gefühl zu bekommen, als Individuum interessant und wichtig zu sein. Lassen Sie sich auf die einzelnen Menschen ein, lernen Sie sie kennen – die unterschiedlichen Charaktere, Interessen und Vorlieben – und bauen Sie individuelle Beziehungen auf. Interessieren Sie sich für die persönlichen Belange der anderen, für ihr Privatleben und ihre Erfahrungen. Stimmen Sie Ihr Verhalten und Ihre Kommunikation auf Ihr jeweiliges Gegenüber ab, denn nicht jeder will gleich behandelt werden.

Zwischenmenschliche Schwierigkeiten und Spannungen können das Leben sehr schwer machen: Als Folge davon leiden Engagement, Motivation und positive Ausstrahlung. Die beste Möglichkeit, solchen Dingen vorzubeugen, ist der persönliche Kontakt mit den anderen. Es geht nicht darum, mit allen Leuten befreundet zu sein und sich auch privat zu treffen. Es geht darum, Barrieren abzubauen bzw. deren Entstehen zu verhindern. Und das funktioniert am besten, wenn Sie auf die anderen zugehen, sich ehrlich für sie interessieren und regelmäßige Kontakte pflegen. Legen Sie ein festes Fundament für gute und individuelle Beziehungen zu den einzelnen Menschen, mit denen Sie zu tun haben. Sie werden sehen, wie positiv sich das auf die Zusammenarbeit auswirkt und darauf, wie anerkannt Sie bei den anderen sind.

Machen Sie sich immer selbst ein Bild von anderen Menschen und lernen Sie sie selbst kennen. Übernehmen Sie niemals die Meinung anderer, ganz besonders dann nicht, wenn diese negativ ist. Geben Sie sich selbst und anderen die Chance, eigene Erfahrungen zu machen und sich näher zu kommen. Es wäre schade, wenn Sie die Urteile Dritter ungeprüft übernähmen und so jemandem Unrecht tun. Oder sich beispielsweise von Ihrem Chef fernhalten, weil Kollegen sagen, mit dem könne man einfach nicht reden. Sie möchten doch auch nicht von jemandem in eine bestimmte Schublade gesteckt oder gar abgelehnt werden, der Sie gar nicht kennt.

interview

Ich habe festgestellt, dass mein Image im Job vor allem davon abhängt, wie zielorientiert und fokussiert ich vorgehe: Ob ich mich treiben und die Dinge einfach auf mich zukommen lasse, ob ich eigentlich gerne mehr aus mir machen möchte, aber dann doch nicht so recht in die Gänge komme — oder ob ich meine Aufgaben gezielt plane, konzentriert angehe und engagiert durchziehe.

ZIELE SETZEN UND ERREICHEN

Ziele zu haben, ist in erster Linie für Sie persönlich positiv und extrem wichtig für die Gestaltung Ihrer Zukunft: Ziele bringen Richtung und Sinn in das, was Sie Tag für Tag tun. Sie können sich an etwas messen und herausfinden, wie gut Sie vorankommen. Ziele spornen an und motivieren Sie dazu, das Beste aus sich herauszuholen. So können Sie sich selbst und Ihrem Umfeld beweisen, was in Ihnen steckt, Ihre Leistungen verbessern und so stabile Grundlagen für Ihre Weiterentwicklung legen. Wie zielorientiert Sie sind, zeigt sich zunächst daran, wie Sie mit Ihren ganz normalen Alltagsaufgaben umgehen. In vielen Unternehmen werden die Ziele gemeinsam mit den Mitarbeitern festgelegt. Nutzen Sie diese Gespräche als Chance, um sich aktiv an der Zielfindung zu beteiligen und Ihre Erfahrungen und Vorstellungen einzubringen. Behalten Sie die vereinbarten Ziele im Auge und nutzen Sie sie, um sich selbst zu motivieren.

Was gilt als Ziel?

»Wo möchten Sie in fünf Jahren sein?« – eine Frage, die bei vielen Leuten Beklemmungen auslöst. Hilflosigkeit, Frustration oder Ärger machen sich breit. Woher soll man jetzt wissen, wo man in fünf oder gar zehn Jahren ist oder sein will? Muss man denn wirklich alles bis ins kleinste Detail verplanen und festlegen?

Entspannen Sie sich! Ziele sind nicht nur die bahnbrechenden Projekte und großen Schritte – es geht hier nicht nur um Karrieresprünge & Co. Es geht auch um die vielen kleinen Dinge, die man gerne in den Griff bekommen würde. So kann es beispielsweise für jemanden, der sich bei Meetings eher im Hintergrund hält, ein erklärtes und wichtiges Ziel sein, sich zukünftig häufiger zu Wort zu melden.

Vorstellungen auf den Punkt bringen und realistisch bleiben

Um sich auf den Weg machen und die Dinge überhaupt angehen zu können, müssen Sie wissen, wohin die Reise gehen soll. Nur dann können Sie eine Strategie entwerfen und in Aktion treten.

Setzen Sie sich realistische Ziele. Damit ist gemeint, dass Sie weder zu hohe noch zu niedrige oder falsche Erwartungen an sich haben sollten. Andernfalls werden Sie kaum in den Genuss der Vorteile kommen, die klare Ziele mit sich bringen. Wenn Sie sich überschätzen, zu hohe Ziele oder ein zu schnelles Tempo anpeilen, lassen Druck, Ängste, Frustration oder gar Versagen nicht lange auf sich warten.

> ### ➜ aufgabe
>
> Viele Menschen beantworten die Frage nach ihren Zielen so: »Ich möchte vorankommen und aufsteigen.« Doch was kann man mit so einem allgemeinen und ungenauen Ziel anfangen? Bringen Sie die Dinge auf den Punkt und definieren Sie so exakt wie möglich, was Sie unter Vorankommen und persönlicher Weiterentwicklung verstehen. Was genau bedeutet das für Sie? Geht es darum, Ihre Sprachkenntnisse zu verbessern oder Ihr fachliches Know-how zu erweitern? Wollen Sie in absehbarer Zeit Bereichsleiter werden oder möchten Sie in eine andere Abteilung wechseln?

Tun Sie sich das nicht an! Abgesehen davon, dass Sie auf Ihrem Weg nur schwer vorankommen, ist es nicht gut für Ihr Image. Denn sehr schnell gelten Sie als jemand, der zu Selbstüberschätzung und falschen Versprechungen neigt, wenig Sinn für die Realität hat und die Tragweite von Herausforderungen nicht richtig einschätzen kann.

Analysieren Sie Ihr Ziel genau: Stellen Sie sich vor, Sie hätten es schon erreicht, und halten Sie sich alle damit verbundenen Konsequenzen vor Augen. Sind Sie mit dem Ergebnis einverstanden? Welche Vor- und Nachteile sind beispielsweise mit einer Führungsposition verbunden? Ist es für Sie und Ihr privates Umfeld akzeptabel, dass Sie möglicherweise deutlich weniger Freizeit haben werden? Sind Sie bereit, den Preis zu zahlen?

Oft wird der Eindruck vermittelt, als gäbe es nur den einen geradlinigen Weg nach oben und als würde das Image leiden, wenn man nicht bei jeder Gelegenheit zuschlägt. Das Gegenteil ist jedoch der Fall.

Überlegt und strategisch planen

Auch wenn es im Widerspruch zum Zeitgeist steht: Nehmen Sie sich die Zeit, die Sie brauchen, um die nötigen Schritte gut und Ihren Fähigkeiten entsprechend zu planen. Stabile Grundlagen bringen Sie langfristig weiter als der schnelle Karrieresprung. So erwerben Sie sich nicht nur fundiertes Know-how, sondern stärken kontinuierlich Ihr Selbstwertgefühl und Ihr Vertrauen in sich selbst. Und bekommen so das beste Image, das man haben kann.

Ganz wichtig: Formulieren Sie Ihre Ziele immer positiv. Vielleicht wissen Sie im Moment nur, was Sie nicht wollen. Es ist in Ordnung, die gedankliche Auseinandersetzung damit zu beginnen, danach sollten Sie aber konkrete Veränderungen anpeilen. Denn es ist viel motivierender, auf etwas Erstrebenswertes hinzuarbeiten, als vor etwas Unangenehmem zu flüchten.

Keine Frage, Ziele sind wichtige und schlagkräftige Hilfsmittel. Machen Sie sich aber niemals zum Sklaven Ihrer Ziele! Wenn Sie unterwegs merken, dass Sie auf dem falschen Weg sind, dann korrigieren Sie Ihren Kurs. Halten Sie nicht stur und besessen an einem Ziel fest, nur weil Sie es sich einmal gesetzt haben.

Die Art, wie Sie von anderen eingeschätzt werden, hängt auch ganz entscheidend davon ab, wie konstruktiv und verantwortungsvoll Sie mit eigenen Fehlentscheidungen umgehen und wie flexibel Sie sind.

 **a u f g a b e**

Machen Sie sich klar, welches fachliche Know-how und welche persönlichen Kompetenzen Sie benötigen, um die angepeilte Aufgabe gut erledigen zu können. Am besten unterteilen Sie den Weg zum Ziel in kurze und überschaubare Etappen.

Machen Sie Erfolge sichtbar, freuen Sie sich darüber und motivieren Sie sich so selbst. Lassen Sie sich nicht von Misserfolgen aus dem Konzept bringen, sondern lernen Sie daraus, wie Sie es in Zukunft besser machen können.

Ich und meine Wirkung

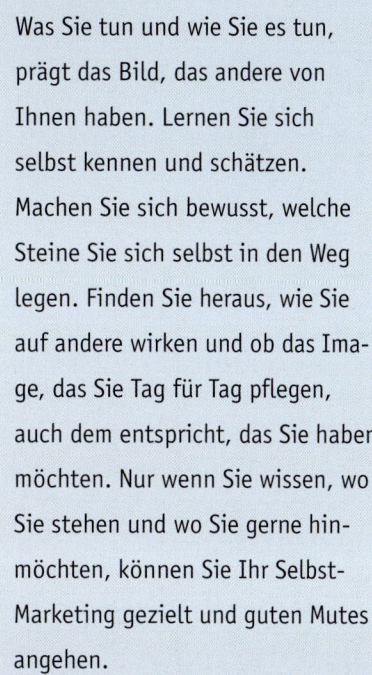

Was Sie tun und wie Sie es tun, prägt das Bild, das andere von Ihnen haben. Lernen Sie sich selbst kennen und schätzen. Machen Sie sich bewusst, welche Steine Sie sich selbst in den Weg legen. Finden Sie heraus, wie Sie auf andere wirken und ob das Image, das Sie Tag für Tag pflegen, auch dem entspricht, das Sie haben möchten. Nur wenn Sie wissen, wo Sie stehen und wo Sie gerne hinmöchten, können Sie Ihr Selbst-Marketing gezielt und guten Mutes angehen.

→ interview

» Ich habe die Erfahrung gemacht, dass man sich gerade beim Thema Ich-Marketing nicht auf seinen Lorbeeren ausruhen darf. Das Hervorheben positiver Charaktereigenschaften ist schön und gut — aber nur die halbe Miete. Für mich ist es mindestens ebenso wichtig, genau hinzuschauen und die Eigenschaften auszubauen, die ich noch nicht so stark ausgeprägt in meinem persönlichen Sortiment habe. «

PERSÖNLICHKEIT ZEIGEN

Dass die Persönlichkeit das A und O ist und wesentlich über das Maß des Erfolges entscheidet, gilt mittlerweile fast schon als Binsenweisheit. Unternehmen legen deshalb immer mehr Wert auf die persönlichen Kompetenzen ihrer Mitarbeiter – und das in allen Bereichen: von der Einstellung neuer Leute bis hin zur Beförderung. Deshalb lohnt es sich, wenn Sie an sich arbeiten und gezielt die persönlichen Eigenschaften erwerben bzw. stärken, die Sie weiterbringen.

Dabei bleiben und sich weiterentwickeln

Wer kennt sie nicht, die Menschen, die meistens irgendwie zerstreut und abwesend wirken. Angenommen, Sie wären der Chef:

Würde Ihre Wahl auf einen solchen Mitarbeiter fallen, wenn es um eine Beförderung geht? Trauen nicht auch Sie denjenigen mehr zu, die voll bei der Sache sind und schon allein dadurch souverän wirken?

Wer aufmerksam und konzentriert ist, macht in der Regel weniger Fehler und erzielt bessere und schnellere Resultate, weil er die Zeit intensiv nutzt. Nicht zufällig ist effektives Zeitmanagement heute bei jeder Aufgabe und in jeder Position gefragt und gilt als wichtiger Baustein fürs Weiterkommen.

Lassen Sie sich nicht von Pseudo-Hektik anstecken und denken Sie nicht, dass man dadurch einen interessanten und viel verspre-

aufgabe

Beantworten Sie sich selbst folgende Fragen

✔ Wie leicht lassen Sie sich ablenken?

✔ Wie lange können Sie sich auf eine Aufgabe konzentrieren?

✔ Wie aufmerksam sind Sie in Gesprächen?

✔ Wie kommen Sie bei anderen an: eher zerstreut und hektisch oder konzentriert und im Hier und Jetzt?

chenden Eindruck hinterlässt! Wirklich zuverlässig, kompetent und stark wirken Menschen, die sich konzentrieren und die präsent sind. Das gilt nicht nur für Ihre konkreten Aufgaben, sondern auch für die Gespräche, die Sie führen – von Einzelgesprächen bis hin zu Team-Besprechungen. Konzentrieren Sie sich auf das, was Sie gerade machen. Lassen Sie Ihre Gedanken nicht abschweifen, schalten Sie nicht ab und lassen Sie sich nicht ablenken. Dann fühlen sich andere gut bei Ihnen aufgehoben und haben gerne mit Ihnen zu tun.

Übrigens spielt Ihre Fähigkeit, sich zu konzentrieren und bei der Sache zu sein, eine wesentliche Rolle für Ihre Ausstrahlung. Je stärker Sie »bei sich« sein können und je weniger zerstreut Sie sind, umso intensiver ist auch der Eindruck, den Sie bei anderen hinterlassen.

Wenn Konzentration bisher nicht zu Ihren starken Seiten gehört, ist das kein Grund aufzugeben: Denn Konzentrationsfähigkeit kann man lernen, trainieren und verbessern. Zum einen durch regelmäßiges Üben und Selbstdisziplin, indem man bewusst eine Aufgabe nach der anderen erledigt anstatt alles gleichzeitig. Zum anderen beispielsweise durch unterstützende Techniken wie Atemübungen, Meditation oder Bewegung.

Sich selbst motivieren

Hohe Eigenmotivation ist eine sehr wichtige und im Arbeitsleben oft geforderte Eigenschaft. Gemeint ist damit die Fähigkeit, aus sich selbst heraus Freude zu haben an dem, was man tut, und sich anzuspornen. Der Albtraum der meisten Vorgesetzten – und auch Kollegen – ist jemand, der sein Engagement und seine Laune von äußeren Faktoren abhängig macht: vom Gehalt, von Lob und Zustimmung, von der Anzahl der Urlaubstage etc. Hüten Sie sich davor, in diese Falle zu tappen! Denn dadurch liefern Sie sich anderen und den Umständen aus und verlieren Ihre innere Unabhängigkeit. Wenn Sie die Verantwortung für Ihre Motivation abgeben, werden Sie ziemlich schnell unglücklich und frustriert sein, weil Sie immer nur auf das Verhalten anderer reagieren: Fällt es in Ihrem Sinne aus, fühlen Sie sich gut. Wenn nicht, geht es Ihnen schlecht.

Innerlich unabhängig und kaum auf Anreize von außen angewiesen zu sein, ist sehr positiv, weil Sie sich stark fühlen und deshalb auch

entsprechend souverän auftreten können. Eine wesentliche Voraussetzung für ein gutes Image und für Erfolg besteht darin, dass Sie mit Misserfolgen konstruktiv umgehen und sich nicht aus dem Gleichgewicht bringen lassen. Je stärker Sie aus sich selbst motiviert sind, umso leichter wird Ihnen das fallen. »Wenn mein Job nicht so langweilig wäre, könnte ich mich auch besser motivieren!«, sagen Sie? In Ordnung, aber belassen Sie es nicht bei diesem Statement, sondern gehen Sie der Sache auf den Grund. Machen Sie sich klar, warum Ihre Aufgaben Sie so wenig begeistern und unter welchen Umständen Sie motivierter wären. Entweder finden Sie heraus, dass Sie tatsächlich am falschen Platz sind – dann können Sie die Konsequenzen ziehen. Oder Sie merken, dass der Job Ihnen bis auf ein paar kleinere Ärgernisse gefällt, für die sich aber sicherlich eine Lösung finden lässt. Oft ist die Motivation schon da, nur etwas verschüttet: Aktivieren Sie sie!

Den eigenen Horizont erweitern

Lernbereitschaft und Lernfähigkeit sind heute in aller Munde. Hier geht es zum einen darum, dass Sie Ihr fachliches Spektrum ständig erweitern und sich auf dem Laufenden halten. Gerade wenn Sie weiterkommen wollen, ist es wichtig, dass Sie sich aktiv um Ihre Fortbildung kümmern. Nutzen Sie die vielen Möglichkeiten, um up-to-date zu bleiben: Fachliteratur, Internet, Kurse, aber auch alle firmeninternen Möglichkeiten, sich Informationen und Wissen anzueignen (Meetings, Präsentationen, Gespräche mit Vorgesetzten und Kollegen usw.).

Eigeninitiative ist gefragt – auch wenn es um Themen wie Motivation und Weiterbildung geht.

Zum anderen geht es um die Weiterentwicklung Ihrer Persönlichkeit. Damit ist gemeint, dass Sie Ihre Stärken ausbauen und Ihre Schwächen ausgleichen. Das geht nur, wenn Sie sich selbst gut kennen, selbstkritisch bleiben, sich beobachten und an sich arbeiten. Lassen Sie sich dabei von anderen helfen: Fragen Sie nach, interessieren Sie sich dafür, wie Sie bei anderen ankommen. Was finden Ihre Kollegen und Ihre Vorgesetzten positiv und woran sollten Sie noch feilen?

Selbstverantwortlich sein

Integrität beweisen

Auch wenn der Begriff Integrität heutzutage altmodisch klingen mag, ist das ein sehr wertvoller und extrem hilfreicher Charakterzug. Wer integer ist und sein Fähnchen nicht nach dem Wind hängt, wird von anderen geschätzt. Warum? Weil man jemanden vor sich hat, der persönliche Stärke zeigt, dem man vertrauen

wichtig

Unterminieren Sie Ihre Glaubwürdigkeit nicht, indem Sie die typischen Spielchen mitspielen! Gerade weil integres Verhalten nicht gang und gäbe ist, fallen Menschen, die über diese Eigenschaft verfügen, so positiv auf.

und auf den man sich verlassen kann. Stellen Sie Ihre Integrität und Vertrauenswürdigkeit unter Beweis! Es ist wichtig, dass Sie sich nicht auf Klatsch und Tratsch einlassen. Und dass Sie vor allem niemals hinter dem Rücken anderer negative Äußerungen machen. Achten Sie darauf, dass Sie nicht mit unterschiedlichem Maß messen – beispielsweise etwas bei anderen lautstark verurteilen, was Sie selbst tun, oder Leuten Honig um den Mund schmieren, weil sie Ihnen nützlich sein könnten.

Natürlich ist es meistens der Weg des geringsten Widerstandes, mit den Wölfen zu heulen, sich über andere lustig zu machen oder sich herablassend über den Chef zu äußern. Keineswegs aber ist es ein Beweis dafür, dass Fairness und Integrität zu Ihren Werten zählen. Sammeln Sie Eindrücke und Informationen und machen Sie sich immer Ihr eigenes Bild. Springen Sie über Ihren Schatten und sagen Sie Ihre Meinung, auch wenn Sie nicht mit der gängigen übereinstimmen – höflich natürlich, aber bestimmt. Machen Sie es sich zum Ziel, andere positiv zu beeinflussen: Steuern Sie fruchtlosem Gejammere und negativen Äußerungen entgegen und geben Sie Anregungen, um die Dinge zu verbessern. Auch wenn Sie nicht immer und nicht sofort auf euphorische Zustimmung stoßen werden, lohnt sich das Engagement. Denn Sie erarbeiten sich sowohl bei Kollegen als auch bei Vorgesetzten das Image, objektiv und zuverlässig zu sein.

Kontrolle und Überblick behalten

Selbst die größte fachliche Kompetenz kann verblassen, wenn jemand häufig gehetzt und gestresst wirkt. Wie ausgeglichen sind Sie im Arbeitsalltag? Wie gut sind Ihre Nerven? Wie gehen Sie mit Stress und Belastung um? Das sind wesentliche Fragen im modernen Berufsleben.

Wie es um Ihre Stressmanagement-Qualitäten bestellt ist, wird daran gemessen, wie Sie mit den täglichen Anforderungen und Spitzenbelastungen umgehen: ob Sie die Dinge selbstverantwortlich in die Hand nehmen, sich kontinuierlich darum bemühen, sich besser zu organisieren und mit möglichst wenig Aufwand gute Resultate zu erzielen. Oder ob Sie bei höherer Belastung plötzlich hektisch werden. Generell kommt es auch darauf an, ob Sie lösungsorientiert sind und die richtigen Prioritäten setzen können – oder einfach resignieren und nur das erledigen, was Sie eben schaffen können.

Wohlgemerkt: Es geht nicht darum, immer noch mehr zu arbeiten – sondern es geht um eine qualitativ gute und ergebnisorientierte Leistung.

! tipp

Behalten Sie die Zügel in der Hand und sorgen Sie bewusst für den nötigen Ausgleich, den Erhalt Ihrer Gesundheit und Leistungsfähigkeit. Auch damit beweisen Sie, dass Sie es mit der Selbstverantwortung ernst meinen.

Warum sollte Ihr Vorgesetzter auf die Idee kommen, Sie mit einem größeren Aufgabenfeld und mehr Verantwortung zu betrauen, wenn Sie schon im ganz normalen Alltagsgeschäft immer wieder in die Bredouille geraten? Darüber hinaus geht es grundsätzlich um Eigenschaften wie Balance, Ruhe und Ausgeglichenheit. Damit ist nicht gemeint, dass Sie langweilig und temperamentlos sein sollen. Es geht viel mehr darum, Gelassenheit und Ruhe auszustrahlen, statt Hektik, Unruhe oder gar Panik zu verbreiten. Wer oft überlastet ist und ständig am Rande eines Nervenzusammenbruches zu stehen scheint, hinterlässt keinen besonders überzeugenden Eindruck. Oder trauen Sie so jemandem viel zu? Auch ist die Gefahr sehr groß, dass Kollegen und Vorgesetzte Glacéhandschuhe anziehen und sich immer mehr zurückziehen. Schließlich hat kaum jemand gerne mit Hektikern zu tun.

Um langfristig souverän mit Belastungen umzugehen reicht es nicht aus, sich oberflächliche Stressbewältigungstechniken anzueignen. Ihre ganze Lebensart hat damit zu tun, wann »Stress« für Sie überhaupt beginnt und wie gut Sie in der Lage sind, auch in schwierigen Situationen cool zu bleiben und die Fäden in der Hand zu behalten. Wie ausgeglichen und damit belastbar Sie sind, hängt von vielen Faktoren ab: von gesundem Selbstbewusstsein, vom Vertrauen und richtigen Einschätzen Ihrer Fähigkeiten, von der richtigen Balance zwischen Arbeit und Privatleben, Spannung und Entspannung, von ausreichend Bewegung und Schlaf, ja, sogar von ausgewogener Ernährung usw.

Klar und freundlich Grenzen ziehen

Selbst der ausgeglichenste Mensch kann in Panik geraten, wenn der Leistungslevel immer wieder überschritten wird. Spätestens dann müssen Sie aktiv werden und einen Riegel vorschieben. Freundlich – aber klar und unmissverständlich. Gute Selbst-PR besteht auch darin, Grenzen zu setzen, zu zeigen, dass man nicht alles mit sich geschehen lässt und nicht alles einfach in Kauf nimmt.

Viele Menschen denken, dass man immer zu allem Ja und Amen sagen und jede zusätzliche Aufgabe übernehmen muss – auch wenn man bereits voll ausgelastet ist, weil man sich sonst Chancen vergeben und unangenehm auffallen könnte. Natürlich kommt es nicht gut an und lässt Zweifel an Ihrer Kompetenz entstehen, wenn Sie sich lautstark oder mit Leidensmiene gegen die Zusatzaufgaben zur Wehr setzen. Doch wenn Sie mit durchdachten Argumenten, ruhig, freundlich und bestimmt Ihre Grenzen, Ihren Standpunkt und Ihre Erwartungen klar machen, sieht die Sache ganz anders aus. Zeigen Sie, dass Sie Verantwortung für sich selbst übernehmen und dem Unternehmen langfristig als engagierter Mitarbeiter zur Verfügung stehen wollen.

Niemand ist unbegrenzt belastbar. Wer nicht nein sagen kann, schadet sich – und dem Unternehmen.

→ aufgabe

Achten Sie auf Ihre Art zu reagieren, wenn es mal nicht in Ihrem Sinne läuft. Wie verhalten Sie sich, wenn es Schwierigkeiten gibt? Neigen Sie dazu, nach Schuldigen zu suchen? Oder arbeiten Sie darauf hin, dass es in Zukunft besser läuft? Wie reagieren Sie, welche Botschaft geben Sie Ihrer Umwelt, wenn unangenehme Dinge passieren?

Gehen Sie nicht davon aus, dass Ihr Arbeitgeber Sie ausbeuten und ohne Rücksicht auf Verluste mit Arbeit zuschütten will. Abgesehen davon, dass eine solche Einstellung nicht gerade sehr beflügelnd wirkt, wird die Arbeitsbelastung oft schlicht und einfach unterschätzt. Gerade wenn Sie zu den sehr engagierten und souveränen Mitarbeitern gehören, merkt man Ihnen wahrscheinlich gar nicht an, dass Sie bereits ausgelastet sind und dringend Unterstützung brauchen. Das kommt meist erst durch ein offenes Wort ans Tageslicht. Geben Sie sich einen Ruck und sprechen Sie die Sache an, um gemeinsam eine Lösung zu finden und die Situation im Griff zu behalten.

Auf Lösungen schauen – statt auf Schwierigkeiten

Problemlöser oder Problemwälzer? Während erstere überall gefragt sind, im Beruf ebenso wie im sonstigen Leben, hält man Menschen der zweiten Kategorie lieber auf Abstand. Denn nur wer nach vorne schaut – und sich nicht davon lähmen lässt, dass es mal nicht glatt läuft und sich Hindernisse in den Weg stellen – , wird aktiv und bewegt etwas. Damit ist nicht gemeint, dass Sie Schwierigkeiten schönreden oder gar verleugnen sollen. Auf keinen Fall sollen Sie riskieren, als oberflächlich, naiv und inkompetent zu gelten, indem Sie den Ernst der Lage herunterspielen.

Lösungsorientiert zu sein bedeutet:

→ davon auszugehen, dass sich immer eine Lösung finden lässt,
→ die Schwierigkeit oder das Hindernis genau zu analysieren,
→ keine Energie und Zeit mit Schuldzuweisungen zu verschwenden,
→ nach vorne zu schauen und die Verbesserung der Situation im Auge zu haben,
→ Lösungsmöglichkeiten auszuarbeiten und umzusetzen.

Die meisten schwierigen Situationen können Sie natürlich nicht im Alleingang lösen. Wenn Sie aber mit gutem Beispiel vorangehen und nach konkreten Verbesserungen und Alternativen suchen, können Sie andere mitreißen und positiv beeinflussen. Das wirkt sich nicht nur auf die Ergebnisse, sondern auch auf Ihr Image aus. Menschen, die nach vorne schauen und Dinge zum Positiven verändern, sind überall gefragt. Übrigens heißt das nicht, dass Sie in jeder Situation bereits eine fertige Lösung parat haben müssen.

interview

Was mache ich denn bloß falsch? Ich dachte immer, gute Rhetorik sei die Hauptsache, wenn es darum geht, sich gut zu verkaufen. Und ich kann mich sehr gut ausdrücken und meine Ideen auch gut verkaufen. Trotzdem reagieren meine Kollegen und Vorgesetzten irgendwie komisch. Es gelingt mir einfach nicht, ein positives Image aufzubauen.

WIE SEHEN MICH DIE ANDEREN?

Gute Selbst-PR wird oft auf die Fähigkeit reduziert, sich rhetorisch geschickt auszudrücken: Wer gut reden kann, überzeugt andere leicht und sofort und kann alles verkaufen – inklusive sich selbst. Die Verbesserung der rhetorischen Fähigkeiten wird nicht selten als Patentrezept verkauft, um sich gut zu präsentieren, andere zu beeinflussen und die Chancen auf Erfolg zu steigern. Natürlich ist es wichtig, sich verständlich und klar auszudrücken und dafür zu sorgen, dass der eigene Vortrag gut strukturiert und wenn möglich auch noch interessant und mitreißend ausfällt. Doch das reicht bei weitem nicht aus, um ein positives Image aufzubauen und überzeugend zu wirken.

Ihre Wirkung auf andere stimmt nicht zwangsläufig damit überein, wie Sie sich selbst sehen und wie Sie eigentlich wirken möchten. Es gibt Menschen, die sich als sehr kommunikativ einstufen, in Wirklichkeit aber gedankenverloren durch die Gänge schlurfen, niemanden von sich aus ansprechen und alles andere als einladend wirken. Gerade wenn Ihr Umfeld nicht so auf Sie reagiert, wie Sie es gerne hätten, ist die Prüfung von Selbstbild und Fremdbild angesagt.

Es lohnt sich, die unterschiedlichsten Facetten der eigenen Persönlichkeit unter die Lupe zu nehmen und sich klarzumachen, wie man nach außen wirkt. Erst dann wird es möglich – gezielt und Schritt für Schritt – an den nötigen Schräubchen zu drehen und auf das gewünschte Image hinzuarbeiten.

→ **aufgabe**

Lernen Sie sich selbst kennen und finden Sie heraus, inwieweit Ihr Selbstbild mit dem Image übereinstimmt, das Sie bei anderen haben. Wie Sie nach außen wirken, können Sie zum Teil daraus schließen, wie Ihre Kollegen und Vorgesetzten auf Sie reagieren und mit Ihnen umgehen. Sehr hilfreich und interessant ist es, andere um Feedback zu bitten.

Einige Fragen, mit denen Sie sich intensiv beschäftigen sollten:
→ Wie würden Sie sich selbst beschreiben? Was für ein Mensch sind Sie?

→ Welche persönlichen Eigenschaften haben Sie?
→ Welche wollen Sie besonders betonen? Wie machen Sie das?
→ Welche Eigenschaften wollen Sie eher nicht so offen zeigen? Was ist zu tun?
→ Wie kommen Sie Ihrer Meinung nach bei anderen an? Gibt es einen Unterschied zwischen Privat- und Berufsleben?
→ Wie würden Ihre Kollegen oder Ihr Chef Sie beschreiben?
→ Welches Image hätten Sie gerne? Warum?
→ Was können oder müssen Sie tun, um so bei anderen anzukommen, wie Sie gerne möchten?

Positive Lebenseinstellung

Bestimmt sind auch Sie selbst am liebsten mit Menschen zusammen, die eine positive Ausstrahlung haben. Und genauso geht es den anderen. Dabei ist nicht gemeint, dass Sie immer alles supertoll finden und eine permanent gute Laune zur Schau stellen sollen. Das sind aufgesetzte Verhaltensweisen, die einem schnell das Etikett einbringen, oberflächlich zu sein.

Hier geht es vielmehr um Ihre ganz persönliche Art, Dinge und Menschen wahrzunehmen, zu beurteilen und darauf zu reagieren. Sie können innerlich der positivste und anregendste Mensch sein: Wenn Sie sich angewöhnt haben oder sich leicht dazu verleiten lassen, zu kritisieren oder zu lamentieren, wird Ihr Umfeld nur wenig von Ihrer positiven Weltsicht merken.

Hier einige Anregungen, wie Sie sich selbst checken können:

→ Welchen Eindruck vermitteln Sie anderen Menschen durch Ihre Wortwahl und Ihr Verhalten?

→ Sind Sie grundsätzlich positiv eingestellt und richten Ihr Augenmerk auf die guten Seiten? Oder suchen Sie eher das Haar in der Suppe?

→ Was denken Sie über Ihre Kollegen, Ihre Vorgesetzten, überhaupt über die Firma?

→ Sind Sie davon überzeugt, dass Ihr Umfeld Sie unterstützen und Ihnen dabei helfen will, voranzukommen und sich weiterzuentwickeln? Oder tendieren Sie eher dazu, überall Hindernisse zu sehen?

→ Welche Stimmung verbreiten Sie? Sind Sie meistens gut gelaunt und stecken andere damit an?

→ Muntern Sie andere auf oder verstärken Sie eher negative Stimmungen?

→ Wie gehen Sie mit Schwierigkeiten um? Lassen Sie leicht den Kopf hängen und resignieren Sie oder packen Sie die Dinge aktiv an?

→ Halten Sie Ausschau nach Lösungen und schöpfen Sie Ihre Möglichkeiten aus?

→ Wie verhalten Sie sich, wenn andere Ihnen von Schwierigkeiten erzählen? Tendieren Sie dazu, mitzujammern oder Schuldige zu suchen? Oder geben Sie konstruktive Impulse?

Angenehme Umgangsformen und Offenheit

Egal wie intelligent, fachlich versiert und engagiert Sie sind: Wenn Sie sich öfter im Ton vergreifen, andere durch Unachtsamkeit vor den Kopf stoßen oder sich immer abseits halten, wird es Ihnen schwer fallen, ein positives Image aufzubauen und andere von Ihren Qualitäten zu überzeugen. Leider wird oft die Meinung vertreten, dass man nicht nett und freundlich sein darf, wenn man weiterkommen will: weil das immer als Schwäche interpretiert und ausgenutzt wird. Hören Sie nicht auf solche Ratschläge! Denn freundlich und offen zu sein bedeutet keineswegs automatisch, dass man sich unterbuttern und um den Finger wickeln lässt.

Testen Sie sich selbst:

→ Wie aufmerksam sind Sie und wie stark nehmen Sie die Menschen um sich herum wahr und zur Kenntnis? Grüßen Sie Ihren Chef, Ihre Kollegen immer? Lassen Sie sich gerne auf ein kleines Gespräch ein oder flüchten Sie lieber? Nehmen Sie die verschiedensten Gelegenheiten wahr, um mit anderen in

Auch im Berufsleben unverzichtbar: gute Manieren.

Kontakt zu treten (z. B. Geburtstag, Urlaub, Krankheit usw.)?

→ Wie gehen Sie mit Ihren Chefs um? Zeigen Sie Interesse für die Person? Ergreifen Sie auch mal die Initiative und erkundigen sich zum Beispiel danach, wie es ihnen geht? Oder machen Sie sich rar und ziehen Sie sich zurück? Wie oft haben Sie Ihrem Vorgesetzten schon ein Kompliment gemacht oder sich für etwas bedankt?

→ Wie kommunizieren Sie? Gehen Sie offen auf andere zu, fangen Sie aktiv Gespräche an oder sind Sie zurückhaltend, abwartend und skeptisch?

→ Wie gerne lassen Sie sich in Gespräche verwickeln? Hören Sie aktiv und interessiert zu oder sind Sie abwesend und interessieren sich nicht besonders für Ihren Gesprächspartner?

→ Wie gehen Sie mit anderen um? Sind Sie höflich und freundlich oder eher einsilbig und brummelig? Was würden Sie über sich denken, wenn Sie sich selbst begegnen würden?

→ Wie verhalten Sie sich, wenn Sie nicht besonders gut gelaunt sind oder gerade unter starkem Druck stehen? Lassen Sie das die anderen spüren?

Selbstkritisch sein und über sich selbst lachen können

Lernfähigkeit und -bereitschaft gehören zu den wichtigsten persönlichen Kompetenzen. Und wo kann man dies besser und eindrucksvoller unter Beweis stellen, als wenn es um die eigene Person geht?

Folgende Ansicht ist immer noch weit verbreitet: Wer im Leben weiterkommen will, darf sich niemals eine Blöße geben – allerhöchstens eine kleine fachliche Lücke eingestehen, aber niemals Schwächen zeigen. In Wirklichkeit ist das gar nicht möglich, weil jeder Mensch Ecken und Kanten hat, immer wieder an die eigenen Grenzen stößt und – auch für andere sichtbare – Fehler macht. So zu tun, als ob man in jeder Beziehung perfekt und ohne Tadel wäre, wirft kein gutes Licht auf den Betroffenen: weil man sich leicht das Etikett erwirbt, unglaubwürdig, überheblich und selbstherrlich zu sein – oder einfach nur feige. Natürlich sollen Sie Ihre Schwächen nicht in die Welt hinausposaunen – oder gar damit

! wichtig

Verwechseln Sie die Fähigkeit zur Selbstkritik auf keinen Fall mit Selbstzerfleischung! Es geht nicht darum, streng mit sich ins Gericht zu gehen und sich unter Druck zu setzen. Mit Selbstkritik ist gemeint, dass Sie aufmerksam sind und darauf achten, was Sie an sich selbst nicht gut finden – anstatt es zu verschleiern oder einfach zu ignorieren. Nur so können Sie auch nach Wegen suchen, um Defizite und Schwächen auszugleichen und besser zu werden.

kokettieren. Sie sollen nur ein kritisches Auge auf sich haben, Fehler und Schwächen zugeben und an sich arbeiten.

Nutzen Sie den Input von anderen: Seien Sie neugierig und lassen Sie sich sagen, was Sie besser machen könnten und sollten. Diese wertvolle Quelle steht Ihnen allerdings nur dann zur Verfügung, wenn Sie wirklich daran interessiert sind und auch etwas mit dem Feedback anfangen.

Humor ist ein Charakterzug, der bei den meisten Menschen gut ankommt. Und dass mit Humor vieles leichter geht, kann wohl jeder bestätigen. Das gilt auch für Ihren Umgang mit sich selbst. Gemeint ist hier nicht, dass Sie lässig und unbeschwert über Ihre Fehler und weniger positiven Seiten hinweggehen sollen. Es geht vielmehr darum, über sich selbst und seine »Macken« auch mal lachen zu können – anstatt sich dem Perfektionswahn zu verschreiben, mit sich zu hadern und verbissen an sich selbst zu arbeiten.

Prüfen Sie sich selbst:

→ Wie selbstkritisch sind Sie? Wie oft beschäftigen Sie sich mit sich selbst und halten nach Verbesserungschancen Ausschau?

→ Was möchten Sie gerne an sich selbst verändern und warum? Was haben Sie bisher dafür getan?

→ Wie gehen Sie mit Ihren Fehlern und Missgeschicken um? Wie fühlen Sie sich und wie reagieren Sie nach außen?

→ Wenn die Rede auf Ihre Schwächen und Macken kommt: Können Sie darüber auch lachen oder werden Sie sofort missmutig und gereizt?

Eine eigene Meinung haben und klar kommunizieren

Klarheit und Offenheit sind sehr wichtig, wenn es darum geht, als zuverlässige Persönlichkeit anerkannt zu werden, die weiß, was sie sagt und tut. Wer sich nicht gerne festlegt, um immer mehrere Eisen im Feuer zu haben, tut sich schwer, als loyaler und zuverlässiger Mitarbeiter zu gelten.

Meinungen muss man auch wieder ändern können. Versteifen Sie sich nicht von vornherein auf Ihre Sichtweise – auch wenn Sie gute Argumente dafür haben. Hören Sie anderen intensiv und interessiert zu. Es ist wichtig, offen und neugierig zu bleiben und die Gedankengänge der anderen wirklich nachzuvollziehen. Vergeben Sie sich keine Chance, zu lernen und Neues zu erfahren. Wenn andere Sie überzeugen, können Sie Ihre Ansicht ändern und so ein besseres Resultat erzielen. Im umgekehrten Fall können Sie sich in Ihrer Meinung bestärkt fühlen und sich selbst für die gute Arbeit auf die Schulter klopfen. Gleichzeitig haben Sie den anderen Respekt erwiesen, was positiv auf Sie zurückfallen wird.

Testen Sie sich selbst:

→ Wenn Sie etwas zu sagen haben, wie gründlich bereiten Sie sich vor? Wie viele Gedanken machen Sie sich im Vorfeld?

→ Wie strukturiert und überzeugend teilen Sie Ihre Gedanken mit? Kommt bei den anderen auch das an, was Sie sagen wollen? Wenn nicht, woran liegt es?

→ Sagen Sie, was Sie denken, oder sind Sie eher darauf bedacht, sich nicht zu weit aus dem Fenster zu lehnen?

→ Wie stark interessieren Sie sich für andere Meinungen? Wie intensiv hören Sie zu? Lassen Sie sich auf einen Dialog ein, wenn Ihr Gegenüber einen anderen Standpunkt vertritt?

→ Unter welchen Umständen sind Sie bereit, Ihre Meinung zu revidieren?

Andere ehrlich anerkennen

Viele denken, dass gute Selbst-PR darin besteht, immer nur sich selbst in den Mittelpunkt zu rücken, die eigenen Leistungen und Erfolge zu betonen und sich von keinem anderen die Show stehlen zu lassen. Doch die Grenze zur Angeberei wird hier sehr leicht überschritten und das – nicht sehr positiv besetzte – Image eines total ich-bezogenen Menschen wird man nur schwer wieder los. Auch gelten solche Menschen kaum als souveräne, von sich selbst überzeugte und starke Persönlichkeiten, mit denen man gerne zu tun hat.

Ein ganz anderes Image genießt, wer sich über die Erfolge anderer wirklich freuen kann, ihre Fähigkeiten und Talente wertschätzt und anerkennt. Andere anzuerkennen ist ein Teil der heute so wichtigen sozialen Kompetenz – und ein Beweis für Stärke und Selbstwertgefühl. Diese Fähigkeit ist überall im (Berufs-) Leben sehr wertvoll. Sie sollten sie ganz besonders dann ausbauen und trainieren, wenn Sie eine Führungsposition anstreben und andere motivieren wollen.

Niemand kann alles können und es gibt immer jemanden, der besser ist. Es kommt darauf an, wie Sie mit dieser Tatsache umgehen: Sie können sich darüber grämen und aufgrund eines Minderwertigkeitsgefühles den anderen nicht anerkennen. Oder Sie akzeptieren, dass Sie nicht überall die Nase vorn haben können. Weil Sie sich gleichzeitig Ihrer eigenen Stärken bewusst sind, können Sie den anderen ihre Siege gönnen – und das auch zeigen.

Lernen Sie sich selbst kennen:

→ Wie reagieren Sie, wenn anderen etwas besonders gut gelingt und sie erfolgreich sind? Erkennen Sie das an – innerlich und äußerlich – oder sind Sie eher neidisch? Gehen Sie auf den Kollegen zu und machen Sie ein Kompliment oder ziehen Sie sich zurück?

→ Was tun Sie, wenn andere etwas besser können, schneller begreifen oder lernen, scheinbar müheloser vorankommen als Sie selbst? Suchen Sie den direkten Kontakt und interessieren Sie sich für ihr Erfolgsrezept?

Erfolge sind immer ein Grund zum Feiern – auch wenn es mal nicht die eigenen sind.

→ Angenommen, Sie sind beeindruckt von einer Idee, einem Vorschlag oder einer Leistung: Sagen Sie das dem Betroffenen direkt? Oder eher anderen Leuten?

→ Wie oft fragen Sie Ihre Kollegen oder Ihren Chef um ihre Meinung oder um einen Rat? Auch damit erweisen Sie anderen Respekt und Anerkennung.

Danke zu sagen, ist übrigens eine ganz einfache und dabei sehr wirksame Möglichkeit, Anerkennung zu geben. Wenn Sie jemandem für die Unterstützung, die angenehme Zusammenarbeit, eine gute Idee usw. danken, zeigen Sie, dass Sie ihn und seine Leistung schätzen. Sich zu bedanken ist nicht nur wichtig, um gute Beziehungen aufzubauen, sondern wirft auch ein positives Licht auf Sie selbst: Sie zeigen sich als aufmerksamer, freundlicher, großherziger und fairer Mensch.

Typisch Frau – typisch Mann?

Gibt es ihn tatsächlich, den männlichen und den weiblichen Lebens- und Arbeits-Stil? Tun sich Männer beim Thema Selbst-PR wirklich leichter? Und wenn ja: Sollen Frauen sich daran orientieren?

Immer wieder kann man hören und lesen, dass das so genannte typisch männliche Auftreten – also »laut« zu sein, sich selbstbewusst in den Vordergrund zu stellen und sich bloß nicht unterbuttern zu lassen, die beste und erfolgversprechendste Strategie sei, um sich Respekt zu verschaffen. Der Rat für Frauen, die weiterkommen und erfolgreich sein wollen, lautet

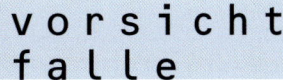

vorsicht falle

Die Opferrolle

Wenn Sie erfolgreich PR in eigener Sache betreiben wollen, ist es wichtig, dass Sie die Verantwortung für sich übernehmen und Ihre Belange selbst in die Hand nehmen. Unterminieren Sie Ihre eigene Stärke nicht, indem Sie andere beschuldigen, wenn etwas nicht in Ihrem Sinne läuft. Sätze wie »In dieser männerdominierten Arbeitswelt kriege ich keinen Fuß vor den anderen!« bringen Sie keinen Schritt weiter – im Gegenteil. Denn wenn Sie sich als Opfer fühlen, werden Sie sich auch entsprechend benehmen. Egal ob Sie sich beleidigt zurückziehen oder die aggressive Gangart einlegen: Sie wirken alles andere als souverän, und besonders angenehm ist der Umgang mit Ihnen auch nicht.

deshalb gemeinhin so: Werft die typisch weiblichen Verhaltensweisen über Bord und hört auf, euch bedeckt zu halten und als gute Seelen im Hintergrund zu agieren!

Rollenklischees sind Verallgemeinerungen, die den Einzelnen kaum weiterbringen und oft genug unter enormen Druck setzen. Denn was nützt Ihnen der noch so gut gemeinte Ratschlag, endlich laut zu werden und sich durchzusetzen, wenn Sie ein ruhiger und zurückhaltender Mensch sind? Ein solches Auftreten passt überhaupt nicht zu Ihnen – egal ob Sie eine Frau oder ein Mann sind – und bedeutet, dass Sie sich verstellen müssen und dabei Ihre wirklichen Stärken nicht ausschöpfen.

Die besten Chancen, ernst genommen und fachlich wie persönlich geschätzt zu werden, haben Sie so:

Nehmen Sie alle Menschen, mit denen Sie zu tun haben, als individuelle Persönlichkeiten wahr und lernen Sie sie wirklich kennen. Ein Recht, das Sie ja auch für sich selbst beanspruchen.

Nehmen Sie geschlechtsspezifische Unterschiede zur Kenntnis, lernen Sie daraus und profitieren Sie davon, um die Beziehungen zu Ihren Kollegen und Vorgesetzten zu verbessern. Aber benutzen Sie sie niemals als Waffe, verzichten Sie unbedingt auf Formulierungen wie: »Wenn Sie sich nur ein einziges Mal auf die Fakten beschränken könnten! Immer müssen Frauen alles kompliziert machen und emotional sehen.«

Hüten Sie sich davor, jemandem nur deshalb zuzustimmen, weil Sie dem gleichen Geschlecht angehören. Mit dieser Art von Solidarität schaden Sie sich selbst. Denn erstens zeigen Sie damit, dass es Ihnen nicht so sehr um die Sache oder die bestmögliche Lösung geht. Und zweitens sind Zweifel angebracht, ob Sie über das nötige Selbstbewusstsein verfügen, um zu Ihrer eigenen Meinung zu stehen. Beides sind keine guten Voraussetzungen, um als High Potential gesehen zu werden.

Wenn Sie sich von Kollegen oder Ihrem Chef unfair behandelt fühlen, sollten Sie das Ganze nicht auf sich beruhen lassen, sich beleidigt zurückziehen oder sich bei Dritten ausweinen. Geben Sie sich einen Ruck und sprechen Sie die Sache offen an. Machen Sie freundlich, aber unmissverständlich klar, was Sie nicht gut finden und wie Sie behandelt werden wollen. Natürlich gibt es Unterschiede zwischen Frauen und Männern. Wie viele Gespräche enden in einer Sackgasse, weil man aneinander vorbeiredet und Denk- und Argumentationsweise des anderen Geschlechtes einfach nicht nachvollziehen kann. Schnell ist dann die Rede von unüberbrückbaren Gegensätzen. Werfen Sie diese bequeme Ausrede über Bord. Seien Sie neugierig, nehmen Sie Ihr Gegenüber ernst und finden Sie heraus, was genau sich hinter der männlichen bzw. weiblichen Art verbirgt. Gegensätze ziehen sich nicht nur an, sie können sich auch wunderbar ergänzen – vorausgesetzt, man zieht diese Möglichkeit in Betracht und tut etwas dafür.

Macher und Mimosen – die alten Rollenklischees sind noch längst nicht aus allen Köpfen verschwunden.

interview

Klar habe ich mir über meine Stärken und Schwächen Gedanken gemacht. Denn schließlich kann ich andere von meinen Fähigkeiten und Talenten nur dann überzeugen, wenn ich weiß, welche das sind. Mit den Schwächen ist das allerdings so eine Sache. Ein Freund meint, bloß nicht zugeben und einfach ignorieren, sonst ist man doch gleich unten durch und gilt zudem noch als unfähig. Aber ob das der richtige Weg ist, ich weiß ja nicht.

STÄRKEN UND SCHWÄCHEN

Eine wichtige Grundlage für souveränes Auftreten und erfolgreiche PR in eigener Sache ist, dass Sie sich selbst gut kennen. Nur wenn Sie über Ihre starken wie schwachen Seiten Bescheid wissen, können Sie auch mit dem Potenzial arbeiten, das in Ihnen schlummert, und andere von sich überzeugen.

Gute Selbst-PR bedeutet, dass Sie Ihre Fähigkeiten und Talente erkennen, schätzen, stärken und ausleben. Und dass Sie sich Ihre weniger starken Seiten bewusst machen, sie akzeptieren und an ihnen arbeiten. Gehen Sie konstruktiv mit sich selbst um: Denn nur so können Sie Ihre Individualität betonen und zeigen, was in Ihnen steckt.

Vergessen Sie irgendwelche allgemeinen Listen mit vermeintlichen Stärken und Schwächen – die Beurteilung, ob etwas eine Stärke oder Schwäche ist, hängt immer auch vom Kontext und der jeweiligen Situation ab. Klar: In jedem Beruf gibt es bestimmte Kenntnisse und

Fähigkeiten, die sich besonders positiv oder hinderlich auswirken können. Darum ist es sehr wichtig, dass Sie für sich eine ganz persönliche, Ihrem Berufsfeld angepasste Antwort finden.

Die starken Seiten kennen

Viele Menschen machen sich das Leben selbst schwer, unterschätzen sich und bleiben weit unter ihren Fähigkeiten, weil sie ihre starken Seiten nicht kennen – oder sie als selbstverständlich hinnehmen. Gerade die offensichtlichsten Fähigkeiten und Talente bleiben den Leuten selbst oft verborgen, weil sie sie für vollkommen normal und selbstverständlich halten. Vielleicht gehören Sie zu den Menschen, die auch in hektischen Situationen Ruhe bewahren und gelassen bleiben.

! wichtig

Sie sollten die Stärken-Schwächen-Analyse nicht als leidige Pflichtübung sehen, die man möglichst schnell abhakt. Vergessen Sie nie: Sie tun das für sich und nicht für andere! Nehmen Sie sich Zeit, machen Sie sich intensiv Gedanken und halten Sie die Resultate schriftlich fest. Nur dann können Sie sich selbst gerecht werden und von Ihren Erkenntnissen profitieren.

Oder Sie sind meistens gut gelaunt und stecken andere mit Ihrer guten Laune an. Das sei nichts Besonderes, sagen Sie? Und ob! Das sind persönliche Stärken, die Sie pflegen und auf die Sie stolz sein sollten.

Machen Sie sich Ihre Stärken – die fachlichen und die persönlichen – bewusst:

→ Welche fachlichen Kenntnisse und Fähigkeiten haben Sie sich bisher angeeignet (Schule, Studium, Ausbildung, Beruf)? Gehen Sie in die Details!

→ Was können Sie besonders gut? Wofür haben Sie ein besonderes Händchen? Denken Sie auch an Ihre Hobbies und Freizeitbeschäftigungen.

→ Was haben Sie bisher schon alles erreicht? Welche Erfolge haben Sie schon feiern können? Schreiben Sie alle auf, die Ihnen einfallen!

→ Wofür wurden oder werden Sie gelobt? Wofür beneiden andere Sie vielleicht sogar?

→ Können Sie das Lob oder die Bewunderung anderer nachvollziehen? Finden Sie sich in diesen Eigenschaften selbst wieder?

→ Welche persönlichen Stärken haben Sie? Finden Sie mindestens 15 positive Eigenschaften! Was bedeuten diese Stärken (z. B. flexibel sein) genau?

→ Warum sind andere Menschen gerne mit Ihnen zusammen? Welche Ihrer Charaktereigenschaften schätzen Ihre Freunde, Ihre Familie, Ihre Kollegen besonders? Teilen Sie diese Einschätzung?

→ Was finden Sie toll an sich? Inwiefern sind Sie stolz auf sich?

wichtig

Es fällt vielen Menschen schwer, gut über sich selbst zu reden. Manche haben sogar Schwierigkeiten, ihre positive Eigenschaften überhaupt anzuerkennen. Leider wachsen schon Kinder mit Sprüchen wie »Eigenlob stinkt« auf und das prägt. Wenn es Ihnen schwer fällt, Stärken an sich festzustellen, oder Ihnen das Wort »Stolz« ein Problem bereitet, dann sehen Sie sich auch das etwas näher an: Wie fühlen Sie sich? Was geht in Ihnen vor? Glauben Sie, es sei verwerflich, positiv über sich selbst zu reden oder stolz auf sich zu sein? Oder würden Sie es gerne, können es aber nicht, weil Sie immer nur Ihre Schwächen sehen?

Bleiben Sie nicht an der Oberfläche und geben Sie sich nicht mit abstrakten Begriffen zufrieden. Vielleicht sind Sie ein guter Teamplayer. Was genau verstehen Sie darunter? Wie äußert sich das im Arbeitsalltag? Was tun Sie, um gut mit anderen zusammenzuarbeiten? Durchforsten Sie Ihre bisherigen Erfahrungen und suchen Sie nach konkreten Beispielen.

Marktforschung in eigener Sache

Sie tun sich schwer mit dieser Übung? Dann fragen Sie Freunde, Familie, Kollegen, wie sie Sie sehen und was sie an Ihnen besonders schätzen. Warum sie mit Ihnen befreundet sind oder gerne mit Ihnen arbeiten. Natürlich sollten Sie auch über die kritischeren Seiten sprechen. Eine gute Möglichkeit besteht darin, einen Fragebogen (→ S. 44) zu entwerfen und an die Menschen zu verteilen, deren Meinung Ihnen wichtig ist. Übrigens kommt es nicht darauf an, dass Sie jemand besonders gut oder lange kennt. Es ist auch lehrreich und häufig überraschend, wie ein erster oder kurzer Eindruck prägt und was er über Sie verrät.

Wichtig für eine erfolgreiche Aktion:
→ Bitten Sie darum, dass der Fragebogen wirklich ehrlich ausgefüllt wird: Es ist wichtig, das extra zu betonen, weil sich sonst viele Menschen zu unkritisch oder einfach höflich-nichtssagend äußern, um Sie bloß nicht zu verletzen.
→ Machen Sie deutlich, dass Ihnen die Meinung des anderen wichtig ist – aber ohne eine bierernste Angelegenheit daraus zu machen: Haben und vermitteln Sie auch Spaß an der Sache (siehe Beispiel).
→ Verwenden Sie offene und geschlossene Fragen.
→ Beschränken Sie sich auf wenige, für Sie wichtige Punkte.
→ Vermeiden Sie »Bewertungssysteme« wie Schulnoten – besser sind Ja-/Nein-Antworten und Smileys ☺ ☺ ☹, denn viele Menschen haben ein Problem damit, andere zu »bewerten«.
→ Füllen Sie den Fragebogen vorher für sich selbst aus, damit Sie Eigen- und Fremdeinschätzung vergleichen können.

fragebogen

Fragebogen für [Ihr Name]

Hallo! Ich bitte dich um deine Hilfe. Ich möchte gerne deine ehrliche Meinung über mich wissen. Sei so nett und beantworte mir die folgenden Fragen.
Herzlichen Dank
[Unterschrift]

Ein paar Eigenschaften	☺	☺	☹
Kann gut zuhören			
Ist zuverlässig			
...			

[schreiben Sie die Eigenschaften auf, die Ihnen für die Beurteilung wichtig sind]
Kannst du mir zu einem dieser Punkte noch etwas Genaueres sagen?

Meine Stärken aus deiner Sicht

1.
2.
3.
...

[Fragen Sie nur die Menschen auch nach den Schwächen, von denen Sie wissen, dass sie Ihnen ganz offen und gern Feedback geben. Vermeiden Sie das Wort »Schwächen« und umschreiben Sie es lieber, z. B. so: Welche fünf Punkte könnte ich verbessern?]

Was denkst du?

Wenn ich ein Tier wäre, wäre ich ...., weil .....
Wenn ich eine Farbe wäre, wäre ich ...., weil .....
Wenn ich ein Musikstück wäre, wäre ich ...., weil .....
[Durch solche spielerischen Fragen erfahren Sie mehr, denn sie helfen dem Antwortenden auch dabei, anders zu denken, als es die sonst üblichen klaren Fragen erfordern.]

Was würdest du mir raten/mir wünschen?

Ich würde mir wünschen, dass ...
Ich könnte mir gut vorstellen, dass ....
Ich wollte dir schon immer mal sagen, dass ...
[Auch hier nur einige Beispiele. Lassen Sie Sätze vervollständigen – dann erfahren Sie, was der Person besonders wichtig ist.]

Vorbilder sind klasse!

Um an seinen Stärken zu arbeiten, ist es sehr hilfreich, sich an Vorbildern zu orientieren. Verwechseln Sie Vorbilder aber nicht mit Idolen! Es geht vielmehr darum, Eigenschaften, die man gerne hätte oder einfach stärken möchte, in Aktion zu erleben. Das kann ein Vorbild aus einem Film sein – oder der Kollege im Zimmer nebenan.

Freuen Sie sich über die Stärken anderer und nehmen Sie sie ruhig zum Vorbild. Schauen Sie von anderen ab. Lernen Sie. Aber glorifizieren Sie andere nicht. Bleiben Sie immer Sie selbst. Und versuchen Sie nicht, jemand anderer zu sein oder zu werden.

Schwächen erkennen und anerkennen

Leider sind viele Ratschläge zum Umgang mit Schwächen ziemlich schwach. Bloß nichts zugeben, heißt es da, denn das würde bedeuten, sich selbst schlecht zu verkaufen. Oft wird geraten, sich einige möglichst unverfängliche und allgemein gehaltene Schwächen zurechtzulegen, um notfalls geschickt kontern zu können.

Die am weitesten verbreiteten Strategien sehen so aus: Die einen legen sich ins Zeug, um die eigenen Schwächen zu ignorieren und vor allem vor anderen zu verbergen. Und andere konzentrieren sich darauf und lassen kein gutes Haar an sich. Beides sind Sackgassen: Denn der einzig sinnvolle und befriedigende Weg besteht darin, sich den weniger positiven Seiten zu stellen, Defizite zu erkennen und in Angriff zu nehmen.

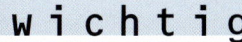

w i c h t i g

Auch wenn es oft so dargestellt wird: Schwächen sind keine Katastrophen. Schwächen sind persönliche Grenzen und gehören zum Leben. Das heißt nicht, dass Sie sich damit abfinden und für immer und ewig so bleiben müssen, wie Sie jetzt sind. Es geht darum, sich und die eigenen Grenzen zu kennen und zu respektieren. Und das zu verbessern, was Sie verbessern möchten.

Beschäftigen Sie sich bewusst und intensiv mit Ihren schwachen Seiten

➜ Welche fachlichen Schwächen oder Defizite haben Sie? Was können Sie nicht so gut? Was müssen Sie sich noch aneignen? Warum?

➜ Wofür haben Sie kein besonders gutes Händchen? Womit tun Sie sich schwer? Warum?

➜ Wie sieht es mit Misserfolgen und Rückschlägen aus? Wo sind oder waren Sie weniger erfolgreich? Warum?

➜ Wo liegen Ihre menschlichen Schwächen? In welcher Hinsicht möchten Sie gerne ganz anders sein? Warum?

➜ Was schätzen andere weniger an Ihnen? Wissen Sie, was genau damit gemeint ist?

➜ In welchen Situationen kommen Sie immer wieder an Ihre Grenzen und reagieren anders, als Sie eigentlich möchten? Warum ist das so? Wie würden Sie lieber in solchen Situationen reagieren?

Eine Schwäche kann auch eine Stärke sein – und umgekehrt: Es kommt auf das Umfeld und die Anforderungen an.

Beispielsweise ist Entscheidungsfreude in vielen Unternehmen und für bestimmte Positionen sehr wichtig: Viele Informationen zu brauchen und erst nach ausführlichem Überlegen entscheiden zu können, ist hier ganz klar eine Schwäche. In anderen Firmen und Aufgabengebieten dagegen ist die Fähigkeit, zurückhaltend zu sein und alles Relevante eingehend zu prüfen, gefragt und damit eine Stärke.

Wenn Sie zu den weniger Entscheidungsfreudigen gehören, sollten Sie kein falsches Spiel spielen und sich nicht als jemand verkaufen, der gerne und locker schnelle Entscheidungen trifft. Suchen Sie sich lieber den Platz, an dem Sie Ihre wirklichen Stärken ausleben können – und sich nicht selbst ständig unter Druck setzen und gegen Ihre Persönlichkeit arbeiten müssen.

Die zwei wichtigsten Dinge bei der Standortbestimmung sind das Bewusstsein (oder Sichbewusstmachen) und das Konkretwerden. Gehen Sie den Dingen immer auf den Grund und fragen Sie nach: Was heißt das genau? Warum ist das eigentlich so? Wie sollte es optimalerweise sein?

Bewusst-sein entwickeln und konkret werden

Eine Schwäche oder eine ungeliebte Angewohnheit bekommt man am besten dadurch in den Griff, dass man sich ihrer erst einmal wohlwollend bewusst wird. Wohlwollend? Ja, genau, denn das heißt nichts anderes, als dass Sie respektvoll mit sich selbst umgehen. Leider ist es häufig an der Tagesordnung, dass man sich, wenn man unzufrieden mit sich selbst ist, auch noch selbst abwertet und die negativen Gefühle noch verstärkt. Gedanken wie »Immer mach ich das!« »Das krieg ich nie und nimmer hin!« »Ich bin zu dumm dafür ...« sind eben-so weit verbreitet wie kontraproduktiv.

Das Problem: Niemand lässt sich gern unter Druck setzen. Auch nicht von sich selbst. Konstruktiver ist es, mit sich selbst freundlich zu sein. Wenn Sie merken, dass Sie wieder in einer Form reagieren, die Sie lieber ablegen möchten, dann machen Sie es sich zur Angewohnheit, die Situation bewusst zu analysieren. Sagen Sie sich innerlich – freundlich und sachlich: »Aha. Jetzt mache ich xy wieder.« Sehen Sie sich nun neugierig die Situation weiter an. Statt wieder in das alte Muster zurückzufallen und sich innerlich unter Druck zu setzen, schauen Sie genau hin und fragen Sie sich Folgendes: Was genau macht Sie denn unsicher oder aggressiv? Liegt es an einer bestimmten Person? Wenn ja, an wem? Kurz gesagt: Schärfen Sie Ihre Selbstwahrnehmung und stellen Sie Ihre Gedanken auf Beobachtung.

So gewinnen Sie doppelt: Denn zum einen bringen Sie sich innerlich zur Ruhe und driften nicht in emotionalen Aufruhr ab – und zum anderen ermöglichen Ihnen die Details, die Sie möglicherweise zum ersten Mal tatsächlich bemerken, den nächsten wichtigen Schritt: Sie werden konkret und können aktiv an sich arbeiten (→ S. 57).

interview

> Jeder kennt sie, die charismatischen Menschen, die einfach nicht übersehen werden können: Sie haben eine tolle Ausstrahlung, wirken anziehend und interessant und hinterlassen einen tiefen Eindruck. Ganz im Gegensatz zu den grauen Mäusen, die kaum einer bemerkt. Man hat´s oder man hat´s nicht, sagen die meisten. Stimmt das oder ist es nur eine bequeme Ausrede? Wie ist das mit dem Charisma denn nun wirklich?

VON INNEN NACH AUSSEN

Ausstrahlung und Charisma

Ausstrahlung – da denkt man automatisch an Licht, an etwas Leuchtendes und Strahlendes. Und genau das spricht man charismatischen Menschen zu: Sie »leuchten« von innen, sind lebendig und voller Energie. Ja, Ausstrahlung kommt von innen und lässt sich – genau wie echtes Selbstwertgefühl –

nicht durch Kosmetik oder oberflächliche Techniken erreichen. Sondern nur, indem Sie sich mit sich selbst beschäftigen und Ihre Stärken anerkennen und leben. Ausstrahlung kommt dadurch zustande, dass Sie sich in Ihrer Haut wohl fühlen und Ihre Energien auf das konzentrieren, was Sie gerade tun.

Wie positiv und wie stark Ihre Ausstrahlung ist, hängt von zwei Faktoren ab: zum einen

Zwei, die zusammengehören: Selbstbewusstsein und eine starke Außenwirkung.

zwischenmenschlichen Beziehungen sind, umso mehr steigen Ihr Selbstwertgefühl – und Ihre Ausstrahlung.

Sich selbst schätzen und an sich glauben

Viele Menschen kennen sich selbst ziemlich gut und schätzen sich durchaus realistisch ein. Aber sie konzentrieren sich auf ihre Schwächen, halten sie sich ständig vor Augen, machen sich selbst Vorwürfe und unterminieren sich damit selbst. Selbstsicherheit, Zutrauen in die eigenen Fähigkeiten ist das Fundament für eine starke Ausstrahlung. Es ist wichtig, dass Sie Ihre Stärken nicht nur auflisten können und theoretisch darüber Bescheid wissen. Nur wenn Sie für sich selbst auch Anerkennung und Wertschätzung empfinden, können Sie positiv auf andere Menschen wirken. Nur wenn Sie nach innen strahlen, haben Sie auch eine positive Ausstrahlung. Konzentrieren Sie sich auf Ihre starken Seiten und freuen Sie sich über das, was Sie können. Wer innerlich zerrissen ist und oft mit sich selbst im Clinch liegt, hat einfach keine sehr positive und anziehende Wirkung nach außen.

Die eigenen Stärken leben und am richtigen Platz sein

Identifikation mit der Arbeit, Zufriedenheit und Begeisterung für das, was Sie tun, ist ein wesentlicher Faktor dafür, wie anziehend und überzeugend Sie nach außen wirken. Suchen Sie sich den Platz, an dem Sie Ihre Stärken einsetzen und ausleben können. Wie charismatisch Sie sind, hängt davon ab, wie sehr Sie in Ihrem Element sind. Bestimmt kennen Sie

davon, wie Sie sich selbst sehen und beurteilen. Zum anderen von Ihrer Art und Weise, die Dinge anzupacken und mit anderen Menschen umzugehen.

Beide Faktoren sind wichtig, eng miteinander verwoben und beeinflussen sich wechselseitig. Je mehr Sie sich selbst schätzen, auf Ihre positiven Fähigkeiten vertrauen und diese einsetzen, umso besser kommen Sie bei den anderen an. Und je intensiver und konstruktiver Ihre

Menschen, die jahrelang einem ungeliebten Job nachgehen – und richtiggehend verblühen.

Ausstrahlung hat etwas mit innerem Feuer zu tun und das brennt nun mal am besten, wenn Sie das tun, was Sie gerne und gut machen. Natürlich gibt es den absoluten Traumjob nicht, in dem Sie rund um die Uhr happy und supermotiviert sind. Aber den Großteil Ihrer Zeit sollten Sie schon mit Aufgaben und mit Menschen verbringen, die Sie mögen. Andernfalls verschwenden Sie eine Menge Energie dafür, sich bei der Stange zu halten.

Wertschätzen, was man tut

Viele Menschen sind bereits am richtigen Platz – sie haben es sich bloß noch nie bewusst gemacht. Oder sie lassen sich allzu leicht von negativer Stimmungsmache anstecken, schwächen so die eigene Motivation und strahlen alles andere als positive Energie und Tatkraft aus.

Wie Sie zu Ihren Aufgaben stehen und an sie herangehen, hat enorme Auswirkungen auf Ihre Ausstrahlung und damit auf Ihr Image. Es ist ein Unterschied, ob Sie Ihre Aufgaben durchziehen, weil es nun mal sein muss: Ob Sie sich als kleines und unbedeutendes Rädchen im Getriebe fühlen oder ob Sie Ihre Arbeit als wichtig einschätzen und stolz auf Ihren Beitrag sind. Bestimmt merken auch Sie anderen ihre Motivation sehr deutlich an – beispielsweise den Kellnern, von denen Sie im Restaurant bedient werden.

Man muss nicht sofort den Job wechseln, wenn man einmal nicht so motiviert ist. Oft genügt es, genau hinzugucken und zu analysieren,

testen sie sich

Sind Sie am richtigen Platz?

Im richtigen Unternehmen, mit den passenden Menschen zusammen, in der richtigen Position?

✔ Wie oft wünschen Sie sich, ganz woanders zu sein und etwas ganz anderes zu tun?

✔ Wie sehr mögen Sie das, was Sie den ganzen Tag tun?

✔ Wie fühlen Sie sich abends, wenn Sie nach Hause gehen?

✔ Wie viele Erfolgserlebnisse hatten Sie in letzter Zeit?

✔ Wissen Sie, wie wichtig Ihre Arbeit für das Unternehmen ist?

✔ Wie äußern Sie sich über Ihre Aufgaben: abfällig und abwertend oder anerkennend und zufrieden?

✔ Denken Sie, dass Sie die Idealbesetzung für Ihre Aufgaben sind und Ihre Leistungen entsprechend ausfallen? Oder sind Sie davon überzeugt, jederzeit voll ersetzbar zu sein?

was man eigentlich so den ganzen Tag macht. Zu erkennen, wie wichtig der eigene Beitrag ist. Warten Sie nicht darauf, dass andere Ihrem Tun Sinn geben. Übernehmen Sie das selbst und Sie werden merken, dass Sie sich gut fühlen und bei anderen gut ankommen.

Präsent sein und Interesse zeigen

Wer ständig unter Strom steht und immer an mehreren Orten gleichzeitig sein möchte, ist nur selten richtig bei der Sache. Eine starke Ausstrahlung hängt unmittelbar damit zusammen, wie gut Sie Ihre Energien konzentrieren können und wie geistesgegenwärtig Sie sind. Ihr Charisma leidet, wenn Sie häufig zerstreut und mit Ihren Gedanken ganz woanders sind.

Was Sie ausstrahlen, können Sie zu einem sehr großen Teil selbst bestimmen. Stärken Sie Ihr Charisma, indem Sie zu sich selbst stehen, Ihre starken Seiten ausbauen und sich aktiv, zielgerichtet und konzentriert Ihren Platz erarbeiten. Wie Sie das tun können, erfahren Sie in den nächsten beiden Kapiteln.

Alles eine Frage des Outfits?

Da gibt es überhaupt keinen Zweifel: Ihr äußeres Erscheinungsbild, Ihr Stil, Ihre Art sich zu kleiden und aufzutreten, wird von anderen wahrgenommen und ist einer der vielen Puzzlesteine, aus denen sich Ihr Image zusammensetzt. Deshalb sollten Sie auf jeden Fall ein Auge auf sich und Ihren Look haben.

Echtes Selbstwertgefühl kommt von innen und wirkt sich nach außen aus – nicht umgekehrt. Bestimmt kennen auch Sie tadellos gekleidete und gestylte Leute, die trotzdem nicht sehr viel hermachen und denen man eher wenig zutraut: weil die innere Stärke fehlt. Andererseits gibt es weniger Modebewusste, die zwar keine so glänzende Hülle haben, aber einen viel intensiveren Eindruck hinterlassen und sehr überzeugend wirken. Nur wenn Sie sich innerlich stark fühlen, können Sie das durch Ihre Kleidung und Ihr gesamtes Auftreten verstärken. Umgekehrt funktioniert es nicht.

Den eigenen Typ unterstreichen

Die Art, wie Sie sich anziehen, sagt sehr viel über Sie aus und hat großen Einfluss darauf, wie Sie auftreten und wirken. Kleider machen Leute, heißt es. Aber das ist nicht die ganze Wahrheit. Denn es kommt nicht nur darauf an, was Sie tragen, sondern auch, wie Sie es tragen. Nur wenn Ihre Aufmachung zu Ihnen passt, fühlen Sie sich wohl und wirken authentisch und selbstbewusst.

Es darf auch mal lässig sein – wenn der Anlass und das Umfeld es zulassen.

Bleiben Sie sich selbst treu und verkleiden Sie sich auf keinen Fall! Sie sollten mit Ihrer Kleidung das unterstreichen, was Sie wirklich sind. Warum sollten Sie ein Kostüm anziehen, das Ihnen gegen den Strich geht, wenn Sie modern und etwas flippig sind? Wenn Sie sich in Anzug und Krawatte fremd vorkommen, lassen Sie besser die Finger davon. Zum Glück gibt es heutzutage eine Menge guter Alternativen zur traditionellen Businesskleidung – und immer weniger Regeln, die eingehalten werden müssen. Das heißt keineswegs, dass Sie sich gehen lassen und keinen Wert auf Ihr Outfit legen sollen. Zeigen Sie, dass Sie auf sich selbst und Ihr Erscheinungsbild Wert legen. Sauberkeit und Achtsamkeit sind ein absolutes Muss – ganz unabhängig von Ihrem Stil.

Sich auf das Umfeld einstimmen

Prinzipiell können Sie anziehen, was Sie wollen. Allerdings kann es dann passieren, dass Sie überrascht und misstrauisch beäugt werden und dass man Sie nicht sofort mit offenen Armen empfängt. Denn wie Sie sich lookmäßig auf Ihr jeweiliges Umfeld einstellen, hat auch etwas mit Respekt und Zugehörigkeit zu tun und zeigt, wie sehr Sie die jeweiligen Spielregeln und die Kultur achten.

Sie können sich also unter Umständen das Leben leichter machen, indem Sie sich an diese ungeschriebenen Regeln halten. Auch wenn Sie in einer Branche oder einem Unternehmen mit Kleiderordnung arbeiten, haben Sie die Möglichkeit, Ihren eigenen Stil einfließen zu lassen und dem Ganzen eine individuelle Note zu geben. Kostüm ist nicht gleich Kostüm. Und bei Anzug und Krawatte gibt

es eine breite Vielfalt an Schnitten, Materialien, Farben und Mustern.

Beweisen Sie durch ein gepflegtes Äußeres und einen Stil, der zu Ihnen passt, dass Sie sich selbst wichtig nehmen und dass Sie Wert auf Ihre ästhetische Wirkung legen. Denn man schließt von Ihrem Erscheinungsbild darauf, wie Sie sich um andere Dinge kümmern und wie sorgfältig Sie sind. Unterstützen Sie Ihre Persönlichkeit durch ein angenehmes und individuelles Outfit.

testen sie sich

✔ Wie ziehen Sie sich im Beruf an und wie im Privatleben? Wie fühlen Sie sich jeweils?

✔ Welches Bild wollen Sie anderen durch Ihre Art sich zu kleiden, durch Ihre Frisur und Ihren ganzen Look vermitteln? Was wollen Sie damit erreichen?

✔ Fühlen Sie sich wohl in Ihrer Haut? Unterstreichen Sie mit Ihrem äußeren Erscheinungsbild Ihre Persönlichkeit, Ihre Individualität? Oder bauen Sie damit eine Fassade auf, hinter der Sie sich verstecken?

✔ Wie oft bekommen Sie Komplimente für Ihr Aussehen, Ihr Auftreten, Ihre Kleidung?

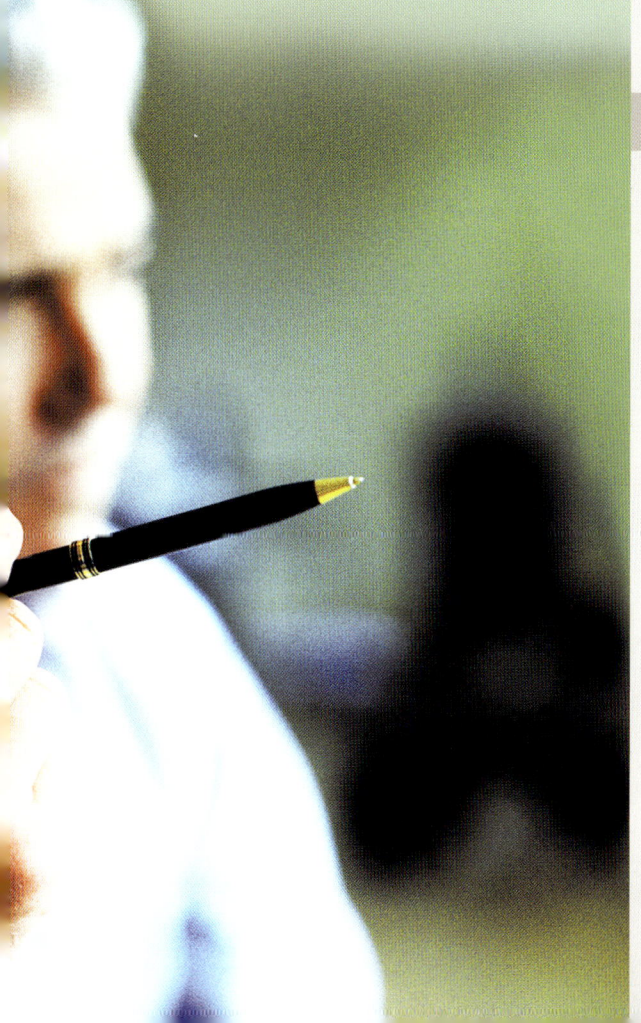

Kompetenz zeigen

Sind Sie kompetent? Fühlen Sie
sich auch so? Ob jemand als
»fähig« eingeschätzt wird, hängt
stark von der eigenen Überzeugung
ab. Denn die strahlen Sie aus –
bewusst oder unbewusst. Die gute
Nachricht: Sie können ganz gezielt
daran arbeiten, sicherer zu werden
und Ihre Kompetenz auch offen zu
zeigen! Was Sie dazu brauchen, ist
ein selbstkritischer, aber wohlwol-
lender Blick, und der feste Wille,
Ihre Karriere in die eigene Hand zu
nehmen.

interview

Mein Anspruch an mich selbst ist, glaube ich, manchmal etwas zu hoch: Ich denke immer, ich muss alles wissen und immer perfekt sein. Und wenn es dann einmal um ein Thema geht, bei dem ich mich wirklich überhaupt nicht auskenne, versuche ich einfach, mich irgendwie durchzumogeln. Das klappt häufig ganz gut nach außen, aber innerlich hab ich jedesmal die Krise — wenn das jemand merkt!

KNOW-HOW – GEWUSST WIE!

Es ist ganz einfach: Wenn man einschätzen kann, wie Sie sind und was Sie können, wenn man Sie für »fähig« hält und Ihnen etwas zutraut, steigert sich Ihr Erfolg. Und die Erfüllung Ihrer Erwartungen rückt in greifbare Nähe: Sei es, dass es um einen neuen Aufgabenbereich geht, um ein Projekt oder um die klassische Karriereleiter. Apropos Karriere: »Rauffallen« ist nicht nur meist ein Mythos, sondern auch ein schlechter Plan. Ein Mythos, weil hinter den meisten Karrieren harte Arbeit

steckt – was das Umfeld nicht sieht oder nicht berücksichtigen will. Und ein schlechter Plan, weil es passiv ist. »Jeder ist seines Glückes Schmied« mag ein abgeschmackter Spruch sein. Richtig ist er nach wie vor.

Wissen, wovon man spricht

Zu wissen, wovon man spricht, heißt nicht, alles wissen zu müssen. Das geht erstens nicht und muss zweitens auch gar nicht sein. Im

Gegenteil. Wer als »Besserwisser« gilt, hat meist wenig Freunde.

Natürlich ist es wichtig, das für den jeweiligen Bereich oder die Aufgabe erforderliche Wissen zu haben. Das sind zum einen fachliche Aspekte, zum anderen auch persönliche. Mit Fachwissen ist alles gemeint, was unmittelbar zu Ihrem Arbeitsbereich gehört. Sowohl das, was in Ihrem Kopf gespeichert ist, als auch das Wissen um Quellen, wo Sie etwas nachschlagen oder erfragen können.

Networking

In diesen Bereich gehört auch das viel zitierte und oft missverstandene Networking. Bringen wir die Sache mit dem »Vitamin B« gleich hinter uns: Das B steht für Beziehungen, und der Umstand, einen Vorteil durch Beziehungen zu erhalten, ist meist verpönt. Es wird suggeriert, dass jemand unverdiente Vorteile erhält. Dabei ist es eine ganz natürliche und menschliche Sache, Kontakte zu knüpfen, zu pflegen und zu nutzen.

Networking ist eine aktive Angelegenheit: Es ist wichtig, von sich aus auf neue Bekannte zuzugehen, sich auf den anderen einzulassen, sich für die Person und die beruflichen Aspekte zu interessieren.

Das ist übrigens die Quintessenz von gutem Networking: Interesse! Wer nicht aufrichtig an anderen interessiert ist, wird niemals positiv »netzwerken«. Menschen mit Nehmer-Mentalität kommen nicht weit. Die egoistische Motivation wird bald sichtbar – und niemand lässt sich gern ausnutzen.

Auch die Pflege der Kontakte ist sehr wichtig: Halten Sie die Verbindung aktiv aufrecht –

indem Sie sich immer mal melden, sei es aus einem bestimmten Anlass oder »nur so«. Denken Sie an den anderen. Vielleicht haben Sie eine Internetseite entdeckt, die für einen Ihrer Bekannten interessant sein könnte – oder einen Artikel in einer Zeitschrift gelesen, den Sie schnell faxen.

Wie persönlich Sie werden möchten, bleibt Ihnen überlassen. Es gibt rein geschäftliche Kontakte – und solche, die sich zu persönlicheren Beziehungen bis hin zur Freundschaft entwickeln.

Trauen Sie sich, Ihre Kontakte auch aktiv zu nutzen: Das beste Netzwerk ist das, bei dem sich auch untereinander viel tut. Wo man Kontaktdaten und Informationen weitergibt, wo man sich einfach »mal so« anrufen und eine Frage stellen kann.

Wer mit der richtigen Motivation netzwerkt, sich auch für die Belange anderer interessiert und einsetzt, kann ganz souverän mit seinen Beziehungen umgehen.

Zugeben, wenn man etwas nicht weiß

Es kann sehr unangenehm werden, wenn man glaubt, etwas wissen zu müssen – und fürchtet, diese Erwartung nicht erfüllen zu können. Es gibt Menschen, die sich bei dieser Vorstellung an ihre Schulzeit erinnert fühlen und regelrecht in Panik geraten. Andere werden immer kleiner und wären am liebsten unsichtbar, um ja keine Aufmerksamkeit auf sich zu ziehen. Oder sie treten die Flucht nach vorne an und wechseln das Thema. Eine der schlimmsten Reaktionen besteht darin, irgendetwas zu erfinden und zu hoffen,

tipp

Nicht jeder tut sich leicht damit, auf fremde Menschen zuzugehen. Wenn Sie unsicher sind sowie eher zurückhaltend und nervös, üben Sie einfach, mit Fremden ins Gespräch zu kommen. Privat und beruflich. Gelegenheiten dazu gibt es viele: von der Frage nach beruflichen Fachgebieten oder gemeinsamen Interessen bis zum kurzen persönlichen Dank für ein besonders gelungenes Projekt.

sich durchzumogeln. Selbst wenn das hin und wieder gelingt, wird die Situation als unangenehm und verunsichernd erlebt. Und es ist ein sehr deutliches Zeichen für mangelndes Selbstvertrauen, das von der Umwelt schlimmstenfalls sogar als Charakterschwäche gewertet wird. Die einfache Lösung: Geben Sie zu, wenn Sie etwas nicht wissen! Sagen Sie gerade heraus, was Sache ist. Bieten Sie an, sich um die Angelegenheit zu kümmern: Oft genügt eine kurze Rückfrage bei einem Kollegen oder das Nachschlagen in den Unterlagen.

Wichtig und sympathisch: Neu-Gier

Hier eines der wenigen Patentrezepte in diesem Buch: Seien Sie neu-gierig. Wer ehrlich daran interessiert ist, Neues zu erfahren, zu verstehen und zu lernen, tut nicht nur sich selbst einen großen Gefallen, sondern kommt auch bei seiner Umwelt gut an.

Interessieren Sie sich für andere Meinungen und Fakten, fragen Sie nach, lassen Sie sich Beweg- und Hintergründe erklären.

Üben Sie zuzuhören! Überlegen Sie nicht während Ihr Gegenüber spricht, was Sie als nächstes sagen wollen. Das verbessert nicht nur die Kommunikation, sondern Sie lernen ganz nebenbei – fachlich und persönlich – dazu.

Menschen, die sich ernsthaft interessieren, anstatt immer nur sich selbst und die eigene Meinung in den Mittelpunkt zu rücken, werden als angenehmer empfunden. Man wendet sich gerne an sie. Vertraut ihnen mehr – und öffnet sich dadurch auch eher.

tipp

Wenn es für Sie ungewohnt oder extrem unangenehm ist, etwas nicht zu wissen, dann trainieren Sie den Umgang mit dem »Nichtwissen« einfach ganz privat. Gelegenheiten, in einem Gespräch Statements wie »Das weiß ich jetzt auch nicht« oder »Das wüsste ich gerne selbst, wie finden wir das jetzt raus?« einzuflechten, gibt es viele.

Die eigene Meinung zählt

Etwas überzeugend vermitteln kann nur, wer selbst überzeugt ist und hinter dem steht, was er zu sagen hat. Kompetenz zeigt sich durch Worte, Taten und Ausstrahlung.

Viele Menschen sind sehr ungnädig mit sich selbst: Sie schelten sich, wenn sie Fehler machen oder in den eigenen Augen nicht gut genug sind. Und sie sind der Meinung, dass andere grundsätzlich besser sind als sie selbst.

Konkret werden

Andere Leute sind besser als Sie? Werden Sie konkret: Wer ist besser als Sie? Inwiefern? Und was heißt besser überhaupt? Wie verhält sich die Person genau und in welchen Situationen? Wie (re)agieren Sie selbst in der gleichen Lage? Wieso ist das in Ihren Augen schlechter? Warum ist das Verhalten des anderen erstrebenswert?

Sehen Sie den Tatsachen ins Auge. Schreiben Sie sich alles auf. Halten Sie fest, wo Sie Ihrer Meinung nach nicht so gut abschneiden und weshalb.

Fair sein mit sich selbst

Die eigenen Ansprüche sind häufig sehr hoch: Bei anderen ist man nachsichtig, wenn jemand einen Fehler macht – bei sich selbst hält man das für eine Katastrophe. Eines der größten Probleme im Arbeitsleben ist der Perfektionswahn – seien Sie fair mit sich selbst. Sie können nicht alles wissen. Sie können nicht in jeder Situation hundertprozentig richtig reagieren. Und es wird immer wieder

Nicht immer leicht: Wissen, was man wert ist, und den eigenen Standpunkt vertreten.

passieren, dass sich im Nachhinein herausstellt, dass Sie etwas hätten besser machen können.

Fairness mit sich selbst bedeutet, gesunde Maßstäbe zu setzen. Verlangen Sie ruhig viel von sich, motivieren Sie sich dazu, sich weiterzuentwickeln und noch besser zu werden. Versuchen Sie aber nicht, Supermann zu sein.

Bewunderung und Neid

»Wenn ich nur wie xy wäre!«, »Mein Chef ist immer so souverän!« Es ist eine schöne und sehr hilfreiche Sache, andere Leute zu bewundern. Nicht nur, weil Sie eine erstrebenswerte Eigenschaft quasi in Aktion sehen und vorgelebt bekommen. Sondern auch, weil es anspornt, den eigenen Zielen und Idealen zu folgen. In diesem Zusammenhang fällt häufig das Wort Neid. Meist einhergehend mit einem schlechten Gewissen. Denn eigentlich gönnt man dem anderen seine Leistung und die daraus resultierende Anerkennung ja auch. Gehen Sie konstruktiv mit Ihrer Bewunderung um!

Wichtig ist natürlich: Nicht jede Eigenschaft oder Fähigkeit, die Sie an jemandem gut finden, lässt sich eins zu eins auf Sie übertragen. Denn die eigene Persönlichkeit spielt natürlich eine große Rolle.

Lob und Kritik

Um sich selbst besser (ein-)schätzen zu lernen, gibt es zwei Helfer: Lob und Kritik. Diese werden gemeinhin etwas unterschätzt und in den Hintergrund gedrängt: Lob wird oft beschämt heruntergespielt und bei Kritik will man sich rechtfertigen oder wehren.

Mit offenem Feedback kann Sie Ihr Umfeld dabei unterstützen, überzeugend zu sein und überzeugend zu wirken.

Das heißt nicht, dass Sie alles unkommentiert hinnehmen müssen. Lob kann, inflationär vorgebracht, kontraproduktiv sein – und Kritik wirkt häufig emotional und kränkend. Lernen Sie, konstruktiv damit umzugehen.

Die eigene Meinung respektieren

Wenn Sie Ihre eigene Meinung nicht respektieren, können Sie sagen, was Sie wollen und wie Sie es wollen – es hilft Ihnen nichts. Auch der beste Rhetorikkurs nützt da nichts.

Sind Sie schon einmal in der Situation gewesen, dass Sie eine andere Meinung hatten als

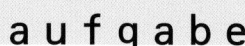

aufgabe

Notieren Sie sich, wen Sie bewundern. Das können Menschen aus Ihrem Umfeld sein (beruflich und privat) oder auch Romanfiguren, Schauspieler, Charaktere aus Filmen etc. Warum konkret bewundern Sie diese Person – um welche Eigenschaft »beneiden« Sie sie?

Wie schätzen Sie sich selbst im Vergleich mit dieser Person ein? Was möchten, müssen oder können Sie tun, um Ihrem Ideal näher zu kommen?

Und bleiben Sie realistisch: In der Regel sind es einzelne Eigenschaften, die wir an anderen gut finden. Auch jemand, der für Sie als Vorbild dient, ist nicht hundertprozentig »supertoll«. Es sind immer einzelne Facetten, die uns besonders ansprechen.

alle anderen im Raum? Haben Sie etwas gesagt oder haben Sie sofort an sich selbst gezweifelt, nach dem Motto »die Mehrheit hat Recht«? Eventuell haben Sie sogar nach außen zugestimmt, obwohl Sie innerlich völlig anderer Meinung waren?

Dabei geht es oft gar nicht nur darum, etwas anders zu sehen: Es gibt Menschen, die anderen generell mehr »Meinungskompetenz« zugestehen als sich selbst. Gerade wenn die eigene Selbstsicherheit leidet, bewertet man Menschen gerne über, die sehr selbstbewusst auftreten – und läuft Gefahr, sich selbst kleiner zu machen.

Wie erreichen Sie es, Ihre eigenen Ansichten zu respektieren und zu sich selbst zu stehen? Zum einen, indem Sie sich für sich selbst interessieren und sich selbst kennen lernen. Dabei helfen Ihnen die Aufgaben aus diesem Buch. Machen Sie es sich auch für einen kurzen Zeitraum zur Gewohnheit, im Nachhinein über eine zurückgehaltene oder Ihnen unangenehme Meinung nachzudenken.

Was finden Sie gut und richtig an Ihrer Ansicht – welcher Aspekt ist Ihnen nicht angenehm? Schicken Sie »verpasste« Meinungen auch nach: Selbst wenn Sie fürchten, dass der »richtige Zeitpunkt« vorbei ist. Nehmen Sie darauf Bezug: »Gestern bei der Besprechung habe ich nichts dazu gesagt. Meine Meinung ist xy.«

Selbstsicher – nicht großspurig

Gerade unsichere und weniger selbstbewusste Menschen wehren sich häufig etwas dagegen, selbstsicherer zu werden, weil sie befürchten, arrogant und unsympathisch zu

> **! tipp**
>
> Lernen Sie hinzuhören und zu verstehen – sowohl bei Lob als auch bei Kritik. Das Beste, was Sie tun können, ist, erst einmal den Mund zu halten. Das Zweitbeste: nachzufragen. Was genau ist gemeint? Auch hier geht es darum, konkret zu werden.

wirken. Diese Angst ist unbegründet: Gemocht und geschätzt werden möchten wir alle. Und authentisch-selbstsicheres Auftreten kommt an.

Deshalb brauchen Sie sich überhaupt nicht darum zu sorgen, plötzlich ein arroganter Schnösel oder eine unberechenbare Zicke zu werden. Wenn Sie sich selbst treu bleiben, kann Ihnen das gar nicht passieren.

Geht es um das Thema Selbstsicherheit, fällt oft der Satz »Ich bin einfach zu nett«. Und weil sich das in den Köpfen festgesetzt hat, möchten viele dieses vermeintlich falsche Verhalten ablegen. Dabei ist es eine wunderbare Eigenschaft, freundlich und nett zu sein. Es geht hier nicht um entweder-oder. Also entweder ich bin nett oder ich setze mich durch. Am besten ist es, wenn Sie sich durchsetzen und trotzdem ein freundlicher Zeitgenosse bleiben.

Ganz abgesehen davon, dass Sie sich besser fühlen, wenn Sie so bleiben dürfen wie Sie sind, kommen Sie auch viel besser bei Ihrem

Umfeld an. Denn eines ist ganz klar: Man umgibt sich lieber mit freundlichen Menschen und man unterstützt sie auch lieber.

Wenn Sie eher der Große-Klappe-Mensch sind, der anderen schon mal eine vor den Bug knallt, dann kennen Sie die Nachteile, die damit einhergehen, aus eigener Erfahrung. Möglicherweise bewundert man Sie einerseits dafür, dass Sie unmissverständlich sagen, was Sache ist. Andererseits kennen Sie es sicher auch, dass Ihr Umfeld auf Abstand geht – und Sie sich nicht unbedingt Freunde und Unterstützer mit Ihrem Verhalten machen. Denn niemand kann wissen, ob sich Ihr Zorn nicht morgen auch gegen ihn richten wird. Auch hier gilt: Entschiedenheit hat absolut nichts mit Lautstärke und aller Macht zu tun. Zwar kann es durchaus sein, dass Sie durch Angst und Schrecken Ihren Willen tatsächlich auch bekommen, das heißt jedoch noch lange nicht, dass man Sie wirklich anerkennt.

Machen Sie sich Gedanken darüber, wie Sie sich einen respektvollen Umgang miteinander wünschen. Und dann schrauben Sie ein paar Takte zurück. Vielleicht kennen Sie den Spruch »Wer schreit, hat Unrecht«. Zudem ist Lautstärke oft direkt proportional zur Unsicherheit. Ein allzu forsches Auftreten ist meistens Fassade und Schutzwall.

Ja, eine Fassade kann einem durchaus ein Gefühl von Sicherheit geben. Man tut so, als ob oder nutzt die Fassade dazu, sein Inneres nicht preiszugeben. Sehr viele Menschen haben Angst davor, zu zeigen, wie sie »eigentlich« sind. Zum einen, wenn sie nicht so glücklich mit sich selbst oder unsicher sind. Zum anderen, weil sie befürchten, angreifbar zu werden.

So eine Fassade wird jedoch nicht selten zum Eigentor: Wer nicht authentisch ist, fühlt sich schnell verkannt oder lebt gegen sich selbst. Egal zu welcher »Sorte« Mensch Sie momentan gehören: Kümmern Sie sich um sich, lernen Sie sich besser kennen, werden Sie sich Ihrer positiven und negativen Eigenschaften bewusst und nehmen Sie Ihre Karriere aktiv in die Hand. Mit Unterstützung Ihrer Umwelt. Nicht, indem Sie sich rücksichtslos verhalten und die Ellbogenmentalität ausleben. Dann steht anerkannter Selbstsicherheit nichts mehr im Weg.

tipp

Unpopuläre Entscheidungen treffen

Es kommt immer mal vor, dass man eine unpopuläre Entscheidung treffen muss oder auch möchte. Auch einmal »Nein« sagen zum Beispiel. Oder dass man ganz einfach eine andere Meinung vertritt als alle anderen. Haben Sie keine Angst davor, dann möglicherweise nicht mehr gemocht zu werden.

Sie können immer alles sagen. Der Inhalt selbst kann nicht beleidigen. Entscheidend ist jedoch das Wie.

Lernen Sie, gut zu kommunizieren. Buchtipps dazu finden Sie auch im Anhang.

interview

> Ich könnte mich echt schwarz ärgern,
> weil ich mich immer so im Hintergrund
> halte. Nehmen wir nur einmal neue
> Ideen: Nach ewigem Hin-und-her-
> überlegen, ob mein Vorschlag auch
> wirklich gut genug ist, sag ich
> endlich was. Zu spät! Mein Kollege
> war natürlich wieder einmal schneller.
> Wenn's um mich selbst geht, bin ich
> immer viel zu zurückhaltend.

WERKZEUGKASTEN

Die Ideen eines Kollegen werden gelobt und umgesetzt – dabei hatten Sie den einen oder anderen Einfall schon länger, das wusste nur keiner? Sie haben einen guten Vorschlag, der aber mir nichts, dir nichts abgeschmettert wird? Da Sie sich nicht sicher sind, ob Ihre Idee wirklich gut ist, sagen Sie lieber gar nichts?

Mit etwas Energie und Vorbereitung können Sie aus einem spontanen Einfall eine überzeugende Idee machen. Die Mühe lohnt sich: Denn entweder stellen Sie selbst fest, dass das

ganze doch nicht so gut war – oder es entwickelt sich etwas Neues daraus und wird durch genaues Abklopfen noch besser.

Ideen strukturieren und optimal vorbereiten

Auch eine ganz spontane Idee wirkt besser, wenn sie genau durchdacht ist. Nehmen Sie sich also immer die Zeit, einen Einfall näher anzusehen: Je komplexer die Thematik, je größer das Projekt, desto intensiver sollte die

Vorbereitung sein. Eine gute Möglichkeit ist es, dies schriftlich zu tun: Bereits beim Aufschreiben werden Zusammenhänge klarer und es ist einfacher, sich auf die Einzelaspekte einzulassen, wenn sie schwarz auf weiß vor einem liegen.

Auf Knopfdruck kreativ

Eine Idee näher ausführen oder auch auf Kommando Einfälle produzieren, das kann jeder! Auch wenn manche Leute von sich denken, dass sie nicht kreativ sind. Das Schlimme ist, dass man sich allein dadurch erfolgreich blockieren kann, dass man sich immer wieder vorsagt, etwas einfach nicht zu können. Also schieben Sie mögliche Vorurteile beiseite und nutzen Sie die vielfältigen Hilfsmittel, um Ihre Kreativität in Schwung zu bringen.

tipp

Halten Sie alles sofort fest! Viele gute Ideen sind schon im Nichts verschwunden, nur weil man sich »später ganz sicher« daran erinnern wollte. Machen Sie es sich zur Gewohnheit, auch unterwegs immer Notizblock und Stift bei sich zu tragen, sodass Sie jederzeit etwas aufschreiben können. Notfalls können Sie sich selbst anrufen und auf Ihren Anrufbeantworter sprechen.

Eine sehr effektive Technik ist das Brainstorming. Sie kennen diese Methode wahrscheinlich bereits: Es geht alleine oder mit anderen. Halten Sie alle spontanen Einfälle zu einem Thema fest. Jede Idee wird aufgenommen, es wird nicht darüber diskutiert oder gewertet, ob sie gut oder schlecht ist, es wird nicht sortiert oder zensiert. Wenn Sie ein Brainstorming mit sich selbst machen, gelten diese Regeln übrigens auch! Nutzen Sie das gesamte Potenzial gedanklicher Assoziationen aus. Nehmen Sie alles ernst und notieren Sie es in aussagekräftigen Stichpunkten. Selbst wenn ein Einfall noch so absurd erscheint: nicht aufhalten lassen, sondern weitermachen. Beim Brainstorming können Sie entweder eine Liste machen und alles untereinander wegschreiben. Oder direkt auf Haftzettel schreiben: pro Haftzettel ein Gedanke. Später, wenn es ans Sortieren geht, wird das Medium, für das Sie sich entscheiden, relevant. Haftzettel sind etwas flexibler in der Handhabung.

Eine weitere hilfreiche Methode ist das Mind Map®. Es fördert Assoziationen, macht Zusammenhänge deutlich und strukturiert spontane Gedanken.

So geht's:

→ Nehmen Sie sich ein (am besten großes) Stück Papier.

→ Schreiben Sie in die Mitte, worum es geht.

→ Jetzt beginnen Sie von der Mitte her mit einem ersten Stichwort zum Thema.

→ Notieren Sie jeweils ein neues Stichwort, wenn ein neuer Aspekt angesprochen wird. Alles, was zu einem bereits vorhandenen

Stichwort passt, kommt als Unterpunkt dazu. So entsteht eine verästelte Gedankenstruktur.

Halbe Ideen und sonstige Bruchstücke

Das kennen Sie sicher: Man hat einen Einfall, der noch nicht wirklich eine Idee oder gar eine Strategie ist. Sondern einfach nur ein Fünkchen einer Eingebung. Trauen Sie sich trotzdem heraus mit der Sprache!

Viele Menschen denken, sie müssten hundertprozentige Lösungen präsentieren und halten deshalb gute Ideen vollständig zurück. Das ist für alle Beteiligten schade.

Wenn es Ihnen selbst nicht gelingt, mit Ihrem Ideenfetzen weiter zu arbeiten, stellen Sie Ihre

Gedanken dazu in den Raum: »Ich weiß selbst noch nicht genau, wie-wo-was, aber ich denke, dass xy gut für uns wäre.«

Damit geben Sie anderen die Gelegenheit, Input zu geben und Ihrem Einfall Leben einzuhauchen.

Überblick und konkrete Vorstellungen

Die Details sind gesammelt und jetzt sind Sie mit einem Wust unzensierter weiterführender Gedanken konfrontiert. Nun heißt es sichten und ordnen, um dadurch einen genauen Überblick zu gewinnen. Ihre Idee nimmt jetzt konkrete Formen an.

Wenn Sie Ihre Einfälle auf einem Blatt Papier

| *Mind-Map® – ein echter Klassiker unter den Brainstorming-Methoden.*

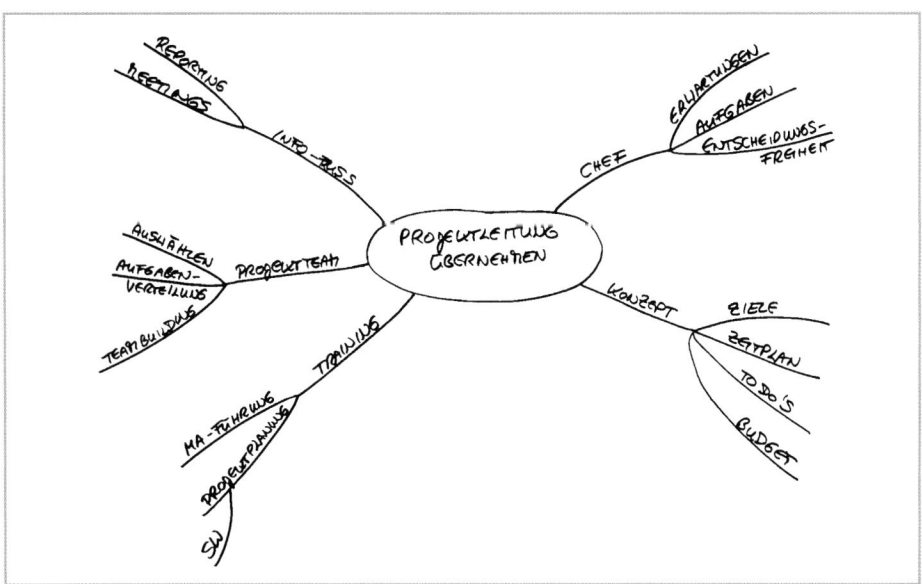

notiert haben, nehmen Sie am besten einige farbige Marker. Geben Sie jeder Farbe eine bestimmte Bedeutung, zum Beispiel Idee, Maßnahme, Hindernis, hat nicht direkt mit der Idee zu tun (möchte ich aber weiter verfolgen). Bei Stichworten, die Sie spontan nirgends zuordnen können, machen Sie einfach ein dickes Fragezeichen: Widmen Sie sich dieser Sache später, holen Sie weitere Informationen ein oder bitten Sie jemanden um seine Meinung.

Während Sie so eine Struktur aufbauen, fallen Ihnen sicher weitere Aspekte auf: Ergänzen Sie alles, was Ihnen einfällt.

Sofern es sich um ein größeres Projekt handelt, braucht das Ganze jetzt auch eine zeitliche Struktur. Legen Sie die nächsten Handlungsschritte fest.

Klingt nach viel Arbeit, diese Ideenvorbereitung? Nicht wirklich: Wenn es sich um eine kleinere Sache handelt, ist die Planung schnell erledigt. Und wenn es um eine komplexere Angelegenheit geht, ist es ohnehin erforderlich, sich intensiver damit auseinander zu setzen.

Hindernisse und Einwände vorhersehen

So manche Idee wird im Keim erstickt, weil sie Hindernissen und Einwänden nicht standhalten kann. Dabei ist selten die Idee selbst das Problem – in der Regel ist es der Ideengeber. Entweder weil er persönlich angegriffen und beleidigt reagiert, anstatt sich um den Kern, nämlich seinen Einfall, zu kümmern. Oder aber, weil er spontan keine Antwort auf einen vorgebrachten Einwand hat und die Idee deshalb erst gar keine Chance bekommt.

Das ist für alle Beteiligten kontraproduktiv: Zum einen kann eine gute Idee so verkannt und zu Unrecht verworfen werden. Zum anderen erwirbt sich der Schöpfer der Idee, wenn es öfter vorkommt, schnell ein entsprechendes Image: Der Mitarbeiter ist zwar aktiv, aber seine Einfälle sind grundsätzlich nicht praktikabel.

Dem beugen Sie vor, indem Sie mögliche Einwände selbst vorhersehen: Was spricht gegen Ihre Idee? Was könnten Ihr Chef oder Ihre Kollegen dazu sagen? Diese Art zu denken hilft Ihnen, Ihren Einfall aus den verschiedensten Blickwinkeln zu betrachten.

Jetzt geht es erneut ans Überlegen und Sammeln: Was ist an diesem Einwand dran? Wie könnte man ihm begegnen? Was wäre eine alternative Lösung?

Wer seine Ideen mit den Augen anderer sehen kann, erleichtert sich die Argumentation.

Wie Sie Einwänden am besten begegnen und entsprechend argumentieren, erfahren Sie weiter unten.

Spickzettel

Ob Sie Ihre Idee mündlich vorbringen – in einem informellen Gespräch oder in Form einer Präsentation – oder ob Sie den Vorschlag schriftlich einreichen: Machen Sie sich einen Spickzettel, der Ihre ausführlichen Überlegungen übersichtlich strukturiert darstellt.
Diese schriftliche Vorlage dient Ihnen als roter Faden: Bei einer mündlichen Präsentation können Sie sich wie an einem Plan daran orientieren, beim Verfassen eines Memos oder Berichtes dient Ihnen der »Spicker« als Grobstruktur.
Zusatznutzen: Wie früher in der Schule hat ein Spickzettel den schönen Nebeneffekt, dass man sich mit dem Thema erneut intensiv auseinander setzt.
Ab Seite 90 gibt's Hinweise für die optimale Präsentation Ihrer Ideen.

Souverän mit Einwänden umgehen

Mit der Einwandentkräftung läuft es nicht so, wie Sie sich das gedacht haben? Es tauchen Hindernisse auf, wo Sie keine erwartet haben und erst recht keine gebrauchen können?
Wenn es um Kritik geht, wird häufig wie folgt argumentiert: »Wenn die Kritik berechtigt ist, nehme ich sie an« oder »wenn sie im richtigen Tonfall vorgebracht wird, setze ich mich gern damit auseinander«.

! **wichtig**

Die Art, wie Sie mit Einwänden umgehen, wirkt sich stark auf Ihre berufliche Karriere aus. Es liegt ganz bei Ihnen, ob Sie Einwände als konstruktive Denkanstöße annehmen und für sich nutzen – oder ob Sie sich persönlich angegriffen fühlen und ablehnend reagieren.

Tatsache ist jedoch:
Die wenigsten Menschen sind kritikfähig.
Aus Sicht desjenigen, der die Kritik äußert, ist sie immer berechtigt.
Selbst wenn kritische Anmerkungen im falschen Ton vorgebracht werden, ist es wichtig, Inhalt und Form getrennt zu betrachten.

Wer wird denn gleich beleidigt sein?

Es ist also entscheidend, mit Einwänden – mit Kritik – umgehen zu lernen. Und das ist wirklich nicht einfach. Niemand wird vor Freude auf dem Tisch tanzen, wenn er sich persönlich kritisiert fühlt oder eine Idee, die er selbst für sehr gut hält, angegriffen wird. Von zusätzlichen emotionalen Verstärkern ganz zu schweigen (z. B. dass man die Person, die den Einwand bringt, nicht mag).
Wer bei Kritik zur beleidigten Leberwurst wird oder zum Gegenschlag ausholt, tut sich keinen Gefallen. Erstens, weil er sich die Chance vergibt, aus dem Einwand zu lernen. Zweitens, weil er ein schlechtes Licht auf seine Per-

sönlichkeit wirft. Das ist leicht gesagt. Wo Emotionen im Spiel sind, wo man sich angegriffen fühlt, ist es schwierig, auf Kurs zu bleiben.

Was können Sie tun?

Überlegen Sie sich in Ruhe, wie Sie zu Kritik stehen. Sehen Sie einen Einwand stets und sofort als persönliche Abwertung? Fühlen Sie sich schnell minderwertig? Ziehen Sie wie eine Schildkröte den Kopf zwischen die Schultern und würden am liebsten verschwinden? Oder stellen Sie die Stacheln auf und es wird gefährlich?

Notieren Sie auch Ihre körperlichen Reaktionen, wenn Sie auf Kritik stoßen: Steigt Ihr Puls? Laufen Sie rot an? Stammeln Sie oder werden Sie laut? Verfolgt die Kritik Sie auch nach der Situation noch?

Wenn Sie sich klar werden, was Kritik für Sie bedeutet und wie Sie darauf reagieren, können Sie lernen, gezielt damit umzugehen: Wer nervös und flatterhaft wird, kann durch tiefes Atmen gegensteuern und bekommt sich so wieder unter Kontrolle. Wer dazu neigt, spontan zum Gegenschlag auszuholen, kann eine Besprechung unterbrechen und auf später verschieben. Oder eine kurze Pause dazu nützen, Abstand zu bekommen.

Wer generell ein Problem hat, kann in die Offensive gehen und seinen Kollegen in einer entsprechenden Situation durchaus sagen, dass er sich mit Kritik etwas schwer tut. Sie werden sehen, dass die Reaktion darauf positiv ist! Denn jeder kennt das aus eigener Erfahrung. Das gilt selbst für Menschen, die prinzipiell sehr gut mit Kritik umgehen können.

Einwände sind etwas Gutes!

Seien Sie für jeden Einwand und jedes Hindernis dankbar! Sie können nur gewinnen. Wenn der Einwurf nicht berechtigt ist, ist es für Sie ein Leichtes, überzeugende Gegenargumente zu bringen. Insbesondere, wenn Sie sich gut vorbereitet haben.

Wenn die Kritik berechtigt ist, hilft sie Ihnen, Ihre Idee zu prüfen und zu stärken. Alles, was Sie vor der Umsetzung einer Idee wissen, macht das Resultat besser und schützt vor unvorhergesehenen Konsequenzen.

So reagieren Sie optimal auf Einwände

Schritt 1: Aufmerksam zuhören und gegebenenfalls nachfragen.

tipp

Sofern Sie mit dem Tonfall Ihres Gegenübers nicht zurechtkommen, zum Beispiel, weil Sie ihn als zu hart oder aggressiv empfinden, sprechen Sie das freundlich und sachlich an: Wiederholen Sie kurz den Einwand, um zu zeigen, dass Sie aufmerksam zugehört haben und den Einwurf ernst nehmen. Bitten Sie Ihr Gegenüber dann darum, sachlich zu bleiben.

Auch hier geht es darum, konkret zu werden und zu verstehen, was genau gemeint ist. Wenn der Einwand aus verschiedenen Teilaspekten oder mehreren kritischen Fragen besteht, machen Sie sich stichpunktartig Notizen, damit Sie bei Ihrer Antwort auf alle Punkte eingehen können.

Schritt 2: Bedanken Sie sich.
Bedanken Sie sich für den Einwand und wiederholen Sie die Aussage in eigenen Worten. Zum einen stellen Sie so sicher, dass Sie auch verstanden haben, worum es dem Gegenüber geht, zum anderen zeigen Sie Höflichkeit und Respekt. Positiver Nebeneffekt: Sie gewinnen durch die Wiederholung Zeit. Und bringen Ihre Gedanken auf die richtige Spur.

Schritt 3: Sofort beantworten – oder in Ruhe überlegen.
Wenn Sie sich gut vorbereitet haben, sollte Sie der Einwand nicht überraschen. Wer in eigener Sache Advocatus Diaboli war, hat die meisten Einwände vorhergesehen und sich Argumente dazu überlegt. In diesem Fall können Sie ganz souverän einsteigen: »Guter Einwand. Danke schön. Diese Frage habe ich mir auch schon gestellt. ...« und dann Ihre Argumente anbringen.
So beantworten Sie nicht nur die kritische Frage des Kollegen, sondern demonstrieren Ihre gute Vorbereitung, Ihre Besonnenheit und wie ernst Sie Ihr Anliegen nehmen.
Sofern es sich um etwas handelt, mit dem Sie sich noch nicht auseinander gesetzt haben, kommen zwei Varianten in Frage: Entweder Sie können spontan antworten, oder Sie

Der souveräne Umgang mit Kritik ist nicht nur gut fürs eigene Image, sondern hilft auch, die eigenen Ideen noch einmal zu prüfen.

brauchen Zeit zum Überlegen. Natürlich kann es auch eine Kombination von beidem sein: »Spontan würde ich xy sagen. Ich möchte mir aber gerne intensiver Gedanken dazu machen.« Versprechen Sie, in dieser Sache auf den Kollegen zuzukommen bzw. für alle Anwesenden eine Antwort nachzureichen. Und tun Sie es dann natürlich auch!
Sofern es tatsächlich passiert, dass man Sie persönlich angreift, gehen Sie souverän damit um, indem Sie ruhig und sachlich bleiben. Nehmen Sie direkten Blickkontakt mit dem »Angreifer« auf und fragen Sie freundlich: »Warum sagen Sie das jetzt?« Warten Sie interessiert und sachlich ab. Das sollte Ihnen leicht fallen, denn Sie wollen ja tatsächlich wissen, warum Ihr Gegenüber persönlich wird.

Sie werden sehen, dass sich verzwickte Situationen auf diese Art sofort entspannen. Lassen Sie sich nicht auf Gegenangriffe ein und gehen Sie nicht in die Defensive. Das würde Sie nicht nur in der spezifischen Situation zum Unterlegenen machen, sondern Ihr Image würde leiden.

Wichtig ist auch hier, dass es nicht um Schauspielerei geht. Ruhig und sachlich zu bleiben können Sie lernen. Zugegeben: Je nachdem, wie emotional und heftig Sie reagieren, wenn man den »richtigen Knopf« drückt, wird es mehr oder weniger schwierig für Sie sein. Der Schlüssel ist – wie so oft – der eigene Wille. Und die Fähigkeit und Geduld, an sich selbst und den erlernten Gewohnheiten zu arbeiten.

Gemeinsam sind wir stark!

Gute Selbst-PR hat ja, wie immer wieder deutlich wird, auch sehr viel mit Ihrem Umfeld zu tun: Nicht nur, weil Ihr Verhalten auf andere wirkt und darüber entscheidet, wie anerkannt und geschätzt Sie sind. Was wiederum Ihre berufliche Position und Weiterentwicklung beeinflusst. Sondern auch, weil Ihre Kollegen Sie persönlich und fachlich unterstützen.

Teamwork entsteht durch ein gutes Klima, ein freundliches und konstruktives Miteinander, durch ehrlich gemeintes Lob, sachliche Kritik, durch den offenen und vertrauensvollen Austausch von Informationen und Ideen. Ganz allgemein durch Impulse, die Sie sich gegenseitig geben, und indem Sie voneinander lernen.

K steht für Kollege und nicht für Konkurrenz

Es gibt immer wieder Situationen im Beruf, in denen man sich nicht so ganz sicher ist: Soll ich eine Idee mit jemandem besprechen – oder heimst der dann die Lorbeeren ein? Ist mein Kollege denn ein Konkurrent, der mir die Gehaltserhöhung schmälert oder bei einer Beförderung vorgezogen wird? Oder auch das: Mein Kollege kommt im Team besser an.

Ganz klar: Es ist wichtig, sich gegen Ideenklau und politische Spielchen zu wehren. Das geht am besten, indem man selbst nicht mitmacht. Was Sie tun können, wenn Sie in derartige Situationen geraten, erfahren Sie ab → Seite 71. Zum einen, um sich nicht in irgendwelche unschönen Geschichten hineinziehen zu lassen, und vor allen Dingen, um Ihrem Image nicht zu schaden. Sonst können Sie sich noch so intensiv um eine

! wichtig

Sie müssen in der Firma nicht mit jedem gut Freund werden. Aber ein kollegialer, freundlicher Umgang ist ein absolutes Muss – und eigentlich auch eine Selbstverständlichkeit! Unterkühltes oder gar feindseliges Verhalten darf es nicht geben, das würde äußerst negativ auf Sie zurückfallen.

gute Selbst-PR kümmern: Intrigen und Kämpfe machen alles sofort kaputt und Sie zum ungeliebten Außenseiter.

Die meisten Menschen sind freundliche und angenehme Zeitgenossen, die – genau wie Sie – mit ihrer Umwelt gut auskommen und geschätzt werden möchten. Menschen, die sich »daneben benehmen«, indem sie cholerisch sind, Intrigen initiieren etc. sind beim näheren Hinsehen schlicht und ergreifend hilflos und wissen nicht, wie sie anders und besser reagieren könnten. Abgrundtief böse ist niemand.

Übrigens spielt die eigene Hilflosigkeit eine große Rolle, wenn man Konkurrenz fürchtet. Wer sich seiner selbst sicher ist, braucht keine Angst zu haben, dass andere ihn überholen.

Wenn man jemanden nicht mag

»Wo Menschen sind, da menschelt's« heißt ein schöner Spruch. Das Menscheln äußert sich mitunter darin, dass man jemanden einfach nicht mag. Man findet ihn zu ruhig, zu hektisch, zu laut, zu leise, zu negativ, zu positiv, zu schnell, zu langsam. Alle Menschen sind unterschiedlich und da man sich im Berufsleben die Kollegen meist nicht aussuchen kann, heißt es, miteinander zurechtzukommen. Zumindest in einem Maße, das das berufliche Miteinander erleichtert.

Wenn Sie eine Kollegin oder einen Kollegen partout nicht leiden können, gibt es ein gutes Mittel dagegen: Lernen Sie die Person näher kennen. Sofern es um ein bestimmtes Verhalten geht, das zu bösem Blut führt, sprechen Sie es freundlich und sachlich unter vier Augen an und bemühen Sie sich um eine Lösung.

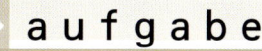

a u f g a b e

Machen Sie sich eine Liste mit den Namen all Ihrer Teamkollegen. Schreiben Sie nun auf, was Sie an diesen Menschen besonders gut finden oder gar bewundern und was Sie stört. Setzen Sie sich konkret mit den einzelnen Leuten auseinander. So erhalten Sie ein ganz neues, intensives Bild Ihrer Kollegen. Vielleicht stellen Sie auch fest, dass Sie von einem Teammitglied nichts oder nur sehr wenig wissen: Ändern Sie es und gehen Sie auf den anderen zu.

Auch Folgendes ist wichtig: Machen Sie sich immer Ihren eigenen Eindruck. Lassen Sie sich nicht durch Geschwätz von Kollegen negativ beeinflussen. Und hüten Sie sich davor, Partei zu ergreifen, nur weil Sie eine Seite näher kennen oder lieber mögen.

Ausgeschlossen und gemieden?

Ein offenes Miteinander ist nur in einer freundlichen, kollegialen Atmosphäre möglich. Fühlt man sich als Außenseiter oder gar gemieden, ist das verständlicherweise eine riesige Barriere, die eine konstruktive und bereichernde Zusammenarbeit unmöglich macht.

Wenn Sie das Gefühl haben, dass jemand Sie nicht mag, dann suchen Sie das Gespräch unter vier Augen, in dem Sie Ihre Empfindun-

w i c h t i g

Drei Regeln für erfolgreiche und offene Gespräche

1. Achten Sie darauf, »Ich-Botschaften« zu verwenden: Sprechen Sie immer über sich selbst – wie es Ihnen geht und wie ein bestimmtes Verhalten bei Ihnen ankommt. Wenn Sie angreifen (»Du hast ...«, »Sie machen ständig ...«), drängen Sie Ihr Gegenüber in die Defensive und ernten in der Regel nur Widerstand, selbst wenn Sie in der Sache Recht haben.

2. Vermeiden Sie Verallgemeinerungen (»immer«, »nie«): Werden Sie ganz konkret, damit Ihr Gegenüber auch nachvollziehen kann, worum es geht.

3. Hören Sie aufmerksam zu. Ihr Ziel ist es ja, zu erfahren, wo der Hund begraben liegt und wie Sie gemeinsam eine Lösung finden können. Vermeiden Sie Aufrechnungen (»Aber Sie machen das auch immer«) und Rechtfertigungen. Wenn es Ihnen schwer fällt, mit den Einwänden Ihres Gegenübers umzugehen, sagen Sie es ganz offen – bleiben Sie dabei aber immer freundlich und sachlich!

gen zum Ausdruck bringen. Sie werden sehen, dass ein offenes Aufeinanderzugehen den Knoten löst: Sie geben dem Kollegen die Gelegenheit, seine Sicht zu schildern – und erfahren so, dass Sie unter Umständen etwas falsch interpretiert haben: dass der andere sich nicht bewusst war, ablehnend oder aggressiv zu wirken. Sofern es etwas gibt, das tatsächlich für Probleme sorgt, öffnen Sie durch ein persönliches Gespräch auch neue Wege. Während sich viele Menschen scheuen, von sich aus Kritik zu üben oder ganz offen anzusprechen, wenn sie etwas stört, antworten Sie ganz offen, wenn Sie gefragt werden.

Gemeinsam Ideen wälzen

Wenn Sie einen Einfall oder eine Idee haben, nutzen Sie doch das Wissen und die Erfahrung Ihrer Kollegen, um den Einfall noch besser zu machen. Natürlich gilt das auch umgekehrt. Ein solcher Gedankenaustausch kann informell bei einer Tasse Kaffee stattfinden – oder auch formell im Rahmen einer Besprechung. Durch den offenen Umgang miteinander und das Austauschen von Ideen profitiert jeder: Zum einen werden Einfälle oft »runder« und verändern sich zu ihrem Vorteil. Ein aktiver Gedankenaustausch bringt Klarheit: Bereits das Formulieren der Grundidee führt oft dazu, dem Kern der Sache näher zu kommen. Nicht umsonst gilt aktiver Austausch als regelrechter Nährboden für Kreativität.

Zu Feedback einladen – und Feedback geben

Generell ist eine gute und offene Kommunikation eine der wichtigsten Grundlagen für

Erfolg. Das gesamte Team profitiert, wenn man offen und locker miteinander umgeht, wenn jeder weiß, dass er Rat von Kollegen erhält. Auch die persönliche Arbeitsqualität erhöht sich. Deshalb ist es nicht verwunderlich, dass sich die meisten Menschen ein gutes Betriebsklima und freundliches Miteinander im Team wünschen. Vielen ist das sogar deutlich wichtiger als eine Gehaltserhöhung. Interessant ist, dass sich die meisten in erster Linie Offenheit wünschen: »Wenn jemandem etwas an mir nicht passt, soll er es mir bitte direkt sagen und nicht hinter meinem Rücken darüber reden.« Gleichzeitig tun sich viele Menschen schwer, anderen offen und direkt zu sagen, was Sache ist: Im Positiven wie im Negativen. Man könnte glauben, dass es nur bei Kritik Schwierigkeiten gibt – doch auch Anerkennung und Lob drückt so mancher nur Dritten gegenüber aus. Oder denkt sich seinen Teil.

Gehen Sie deshalb mit Ihren Kollegen immer so um, wie Sie es für sich selbst wünschen. Sprechen Sie offen und konstruktiv an, was Sie gerne sagen möchten. Und laden Sie Ihr Umfeld aktiv dazu ein, genauso offen mit Ihnen zu sein.

Natürlich ist es dann auch wichtig, entsprechend zu reagieren. Wer erst um eine offene Meinung bittet, um dann beleidigt zu reagieren, für den geht der Schuss nach hinten los.

Absolutes No-No: Ideenklau & Co.

Jetzt kommt ein Thema, das manchmal ganz schön heikel ist: Austausch untereinander ist

> # ! wichtig
>
> Auch der ganz normale angenehme, sachliche, freundliche und offene Umgang mit Ihren Team-Kollegen gehört unter die Rubrik »Selbst-PR«.

ja gut und schön, aber was ist mit möglichen Nebenwirkungen? Vom Ideenklau über das »In-die-Pfanne-hauen« bis hin zur Schuldzuweisung – allein die Befürchtung, zum Täter oder Opfer zu werden, kann leicht dazu führen, sich zurückzunehmen und nur wenig offen im Team zu kommunizieren.

Nicht jedes Vorkommnis dieser Art wird bewusst und damit »bösartig« geplant und durchgeführt. Sehr schnell rutscht man unbeabsichtigt in eine entsprechende Situation. Angenommen, Sie arbeiten mit einem Kollegen an einem Projekt: Ihr Chef schaut vorbei und fragt Sie, wie es vorangeht. Sie erzählen stolz von den Fortschritten, als Ihr Kollege ins Zimmer kommt. Da er nur einen Teil des Gesprächs mitbekommt, entsteht bei ihm der Eindruck, dass Sie alle Lorbeeren einheimsen möchten. Jetzt ist Ihr Kollege entweder offen und spricht Sie darauf an, oder aber er kapselt sich ab und ist Ihnen gegenüber abweisend. Und schon sind Sie der Böse – obwohl Sie sich keiner Schuld bewusst sind.

Jetzt könnte man unter dem Motto Selbst-PR ganz schön ins Schwitzen kommen: Auf der

einen Seite sollen Sie Ihr Licht nicht unter
den Scheffel stellen, sondern im Gegenteil
positiv auffallen und zeigen, was Sie können.
Auf der anderen Seite sind Sie Team-Mitglied,
das gemeinsam mit Kollegen arbeitet
und auch gemeinsam für gute Resultate
sorgt.

Der Einzelne und das Team

Jeder Mitarbeiter in einem Unternehmen ist
für sich alleine und seinen Bereich verantwortlich – und gleichzeitig Bestandteil eines
oder mehrerer Teams: Das sind die eigene
Abteilung, Arbeitsgruppen oder Projekt-
teams, das gesamte Unternehmen. In vielerlei
Hinsicht arbeitet man dauernd mit anderen
zusammen. So sind Ideen, Feedback, Projekte
oder eine Strategie häufig eine gemeinschaft-
liche Leistung. Auch wenn die Grundidee
vielleicht von einer einzelnen Person
stammt oder das Feedback eines Team-Mit-
gliedes besonders zum Erfolg beigetragen
hat.

Natürlich ist es nur fair, wenn die Lorbeeren
gerecht verteilt werden. Es sollte Ihnen jedoch
auch klar sein, dass es nicht darum geht, jeder
einzelnen Idee oder jedem Teil-Beitrag zu
einem Team-Ergebnis immer den eigenen
Stempel aufzudrücken. Es ist nicht nötig,
überall eine Art Copyright anzubringen unter
dem Motto »Die Idee war aber von mir!«
Wenn Sie in Ihrem Unternehmen aktiv sind,
gute Selbst-PR betreiben und als Mitarbeiter
geschätzt sind, erreichen Sie etwas viel Besseres: Man achtet Sie generell – und weiß um
Ihren Einsatz und Ihre Leistung. Freuen Sie
sich über Ideen, die umgesetzt wurden. Das ist

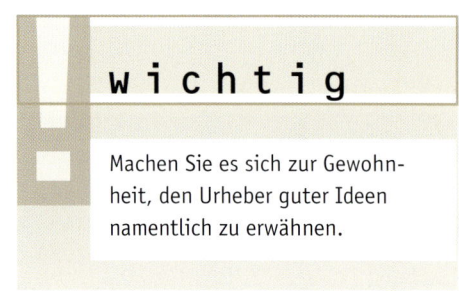

wichtig

Machen Sie es sich zur Gewohnheit, den Urheber guter Ideen
namentlich zu erwähnen.

immer ein schönes Kompliment und eine tolle
Bestätigung, auch wenn Ihr Name nicht expli-
zit genannt wird.

Ehre, wem Ehre gebührt

Die einzige Person, die Sie voll kontrollieren
können, sind Sie selbst (auch wenn es auf
einem anderen Blatt steht, ob Ihnen das
immer gelingt). Deshalb ist es wichtig, bei sich
selbst anzufangen.

Angenommen, Sie präsentieren die Ergebnisse
einer Arbeitsgruppe und heimsen für das
Ergebnis Beifall und Lob ein: Betonen Sie, dass
es eine Team-Leistung war – sofern es sich um
eine geringe Personenzahl handelt, nennen Sie
die Kollegen beim Namen.

Ein anderes Beispiel: Sie sind Abteilungsleiter
und einer Ihrer Mitarbeiter äußert einen
spontanen Gedanken, der bei Ihnen eine gute
strategische Entscheidung zündet. Die Mana-
gementgruppe lobt Sie für die gute Idee.
Erwähnen Sie auch hier, dass der Zündfunke
von Ihrem Mitarbeiter kam.

Mit diesem natürlichen und auch höflichen
Verhalten erreichen Sie, dass man Sie schätzt
und Ihnen vertraut. Und Sie setzen außerdem

Ausgebootet und ausmanövriert? Jetzt heißt es einen kühlen Kopf bewahren und richtig reagieren.

Standards in Ihrem Unternehmen. Die Kultur »Ehre, wem Ehre gebührt« lässt sich sehr schön verbreiten und zu einer positiven Gewohnheit bei allen machen.

Das heißt natürlich nicht, dass Sie Ihren eigenen Anteil im gleichen Atemzug herunterspielen sollen. Souverän und selbstbewusst zu sagen: »Frau M. hatte die gute Idee, mit ... zu beginnen. Ich habe den Gedanken zu ... weiterentwickelt« ist eine Sache. Sich selbst zu entwerten und zu sagen »Das war ja eigentlich der Einfall von Frau M. Ich hab ja nur ...« eine andere.

Sie sind bestohlen worden

Jetzt ist es passiert! Der Kollege ist mit Ihrer Idee hausieren gegangen und hat die Lorbeeren eingeheimst. Was tun?

Das Schlimmste ist, sich zu verkriechen, nach dem Motto: »Niemandem kann man hier vertrauen, deshalb sag ich keinem mehr was.« Damit schaden Sie in erster Linie sich selbst: Erstens sind Verallgemeinerungen grundsätzlich unfair, weil Sie alle in einen Topf werfen. Zweitens, weil Sie sich von allen Kollegen abkapseln und Ihr zugeknöpftes Verhalten sehr leicht als unkollegial und abweisend gewertet wird. Und drittens, weil das Verhalten einer beleidigten Leberwurst noch nie jemanden weitergebracht hat.

Wie bereits angesprochen kann es sein, dass Sie nur einen Teil der Geschichte kennen, sich also hintergangen fühlen, obwohl das in Wirklichkeit gar nicht der Fall ist. Oder aber, dass der Kollege sich keiner Schuld bewusst ist. Sofern es tatsächlich böse Absicht gewesen sein sollte, wollen Sie den Kollegen doch nicht einfach so davonkommen lassen, oder? Im eigenen Interesse und auch für die künftige Zusammenarbeit ist es wichtig, klar Schiff zu machen.

wichtig

Nie aufgrund von Hörensagen handeln. Damit würden Sie sich und Ihrem Image nur schaden. Bilden Sie sich stets eine eigene Meinung.

tipp

Seien Sie lösungsorientiert. Wenn Sie sachlich, freundlich und bestimmt bleiben, ist nicht nur die Aussicht auf Erfolg groß, sondern Sie verschaffen sich zusätzlichen Respekt, da Sie die Sache souverän und professionell handhaben.

Bitten Sie den »Übeltäter« zu einem Gespräch unter vier Augen. Sagen Sie ihm, wie sich die Sache für Sie darstellt, wie es Ihnen damit geht, und hören Sie dann erst einmal zu. Entweder stellt sich das Ganze tatsächlich als unglückliches Missverständnis heraus oder aber der Kollege hat keine Antwort.

Lassen Sie sich nicht für dumm verkaufen: Wenn der andere sich im Ton vergreift oder Sie sich nicht ernst genommen fühlen, sagen Sie das ganz klar. Machen Sie auch deutlich, dass der Kollege mit so einem Verhalten keinen Blumentopf gewinnt und die gute Zusammenarbeit im Team gefährdet. Betonen Sie, dass Sie nicht gegen Ihre Kollegen arbeiten möchten, sondern miteinander. Und dass Sie nicht bei jeder Information erst überlegen wollen, ob Sie sie Ihrem Kollegen anvertrauen können oder ob er geistigen Diebstahl betreibt.

In die Pfanne gehauen!

Nicht immer geht es um Ideen. Auch ein Kollege, der bei einem Misserfolg jede Gelegenheit nutzt, die gesamte Verantwortung Ihnen aufzubürden, kann Sie in Misskredit bringen. Er spricht grundsätzlich alles nur mit Ihnen ab, um hinterher, sollte etwas schief gehen, sagen zu können, dass Sie aber der Meinung waren, dass das gewählte Vorgehen das richtige war. Hinter diesem Verhalten steckt oft ganz einfach Unsicherheit und die Angst davor,

Verantwortung für die eigene Entscheidung zu übernehmen.

Meist handelt es sich hier um Kleinigkeiten und ganz banale Dinge: Der Kollege in der Probezeit hat Angst davor, nicht übernommen zu werden, wenn er irgendwo auch nur den kleinsten Fehler macht. Die Kollegin kennt schlichtweg den Rahmen nicht, in dem sie selbst entscheiden darf. Oder aber es geht um ein Projekt, das für den Mitarbeiter absolutes Neuland ist.

Sofern Ihnen tatsächlich jemand vor anderen die Schuld in die Schuhe geschoben hat, gibt es wieder nur eines: Freundlich, aber bestimmt darüber reden. Keine Frage, das ist nicht unbedingt einfach: Denn man fühlt sich im Recht, ist gekränkt, verletzt und somit nicht unbedingt motiviert, in dieser Situation auch noch die Initiative zu ergreifen und auf den »Bösewicht« zuzugehen. Der erste Impuls ist oft eher Rückzug oder auch das Schmieden eines Racheplans – aktiv oder durch das Verweigern von Kooperation. In die Defensive zu gehen oder zum Rückschlag auszuholen, löst die Situation jedoch nicht. Im Gegenteil: Sie werden sich nicht nur innerlich immer weiter ärgern – sei es auch nur über einen einzigen Vorfall, den Sie dem Kollegen mit Elefantengedächtnis nachtragen. Sondern Sie schaffen sich dadurch auf lange Sicht auch noch mehr und schwerwiegendere Probleme. Denn Ihr Verhalten wirkt sich generell auf Ihr Image innerhalb des Unternehmens und auch auf Ihr Wohlbefinden aus.

Klären Sie die Situation also lieber: Vereinbaren Sie einen Gesprächstermin mit dem betreffenden Kollegen, konfrontieren Sie ihn ruhig, aber direkt mit Ihren Eindrücken. Schildern Sie den Sachverhalt aus Ihrem Blickwinkel, fragen Sie nach, wie er das Ganze sieht und finden Sie gemeinsam heraus, wo unterschiedliche Auffassungen bestehen. Klagen Sie nicht an, sondern teilen Sie mit, hinterfragen Sie die Gründe und hören Sie zu. Kümmern Sie sich unbedingt um beide Aspekte: Das persönliche Verhalten (»Schuld in die Schuhe schieben«) und die Gründe. Nur dann lässt sich die Situation für beide Seiten zufriedenstellend lösen und einvernehmlich klären. Ein konstruktives Gespräch schützt Sie zwar nicht davor, immer wieder in derartige Situationen zu kommen – aber es fördert sowohl das menschliche Miteinander, als auch die fachliche Zusammenarbeit nachhaltig.

! wichtig

Wenn sich Konfliktsituationen häufen, können folgende Fragen sinnvoll sein: Wie wird in Ihrem Unternehmen delegiert: Werden Aufgaben umrissen, die Verantwortung und auch die Erwartungen klargelegt? Und wie sieht es mit Fehlern aus: Ist es eine Katastrophe, wenn einmal etwas danebengeht oder kümmert man sich konstruktiv darum, die Situation zu lösen? Wird rasch nach einem Schuldigen gesucht oder daran gearbeitet, für die Zukunft zu lernen? Dass dies nichts mit Laisser-faire zu tun hat, versteht sich von selbst.

Auf sich aufmerksam machen

Selbstsicher(er), mit den richtigen Werkzeugen gerüstet, heißt es, jetzt in die Offensive zu gehen und in eigener Sache tätig zu werden: Wenn es darum geht, sich ins richtige Licht zu rücken, steht natürlich die Kommunikation im Mittelpunkt. Alles, was Sie sagen, schreiben und vermitteln kann Ihnen nützen – oder schaden. Deshalb ist es wichtig, dass Sie sich Ihres Verhaltens und Ihrer Wirkung bewusst werden. Und Ihre kommunikativen Fähigkeiten ausbauen und gezielt einsetzen.

interview

Früher war ich vor Angst wie gelähmt, wenn ich vor anderen Leuten etwas sagen sollte. Völlig egal, ob es ein Vortrag war oder in einem Meeting, wo ich jeden kannte. Das hatte übrigens gar nicht unbedingt etwas mit dem Thema zu tun, sondern mit der Aufmerksamkeit: Wenn jeder abwartend auf einen schaut. Gruselig. Aber mit einigem Üben und etwas Selbstüberwindung hab ich das prima in den Griff bekommen. Heute machen mir selbst längere Vorträge vor einem unbekannten Publikum nichts mehr aus.

KOMMUNIKATION & RHETORIK

Wissen Sie, was schlechte Rhetorik ist? Wenn man jemandem beim Reden zusieht und denkt: »Ach, der war gerade auf einem Rhetorikkurs.« So wirkt man leicht, wenn man eine betont perfekte Rede hält, die von bewusst eingesetzter, oft auch übertriebener Gestik untermalt wird. Die gute Nachricht: Es geht bei Kommunikation nicht darum, absolut perfekt zu sein – weder vom Inhalt noch von der Präsentation her. Es geht darum, dass Sie und Ihre Inhalte bei Ihrem Publikum ankommen. Dazu ist es natürlich erforderlich, dass Sie Ihr Anliegen kennen, wissen, was Sie erreichen wollen und sich der eigenen Wirkung bewusst sind. Seien Sie positiv! Negative Gedanken zu vermeiden hat übrigens nichts mit »schönreden« zu tun. Sondern schlicht und ergreifend damit, dass Sie nicht den Weg des geringsten Widerstands gehen, sondern sich beweisen, dass Sie etwas eben doch können.

Wenn Sie zu den Menschen gehören, die gut reden können, gern vor anderen das Wort ergreifen und sich ein bisschen in Szene setzen: Beobachten Sie sich und feilen Sie an Ihrer Wirkung.

Bevor es um Gespräche, Besprechungen und Präsentationen geht, ein paar Worte zu den Grundlagen:

Stimme und Wortwahl

Jede Stimme ist unterschiedlich: Manche reden von Haus aus leiser und ruhig, bei anderen spricht man von »so einem Organ!«. Stimme und Persönlichkeit sind immer eng verbunden. Dazu kommen die Emotionen, die die Stimme individuell färben. Bewusst oder automatisch: Wenn man glücklich ist, ist das hörbar. Wer hektisch ist, wirkt kurzatmig oder die Worte überschlagen sich. Wer euphorisch ist, strahlt positive Energie aus. Wie Sie etwas sagen, die Färbung der Sprache also, überträgt sich auf Ihr Publikum und entscheidet auch darüber, wie gut Sie ankommen und wie glaubwürdig Sie sind.

Machen Sie ein ernstes, emotionsloses Gesicht und sagen Sie: »Find' ich wirklich lustig.« Jetzt setzen Sie eine offene, freundliche Miene auf, lächeln und wiederholen den Satz noch einmal. Die Art, wie Sie etwas rüberbringen, entscheidet maßgeblich mit, wie erfolgreich Sie Ihre Ziele erreichen und wie Sie bei Ihrer Umwelt ankommen: Schätzt man den Sprecher, nimmt man ihn und seine Argumente viel eher an. Das bedeutet nicht, dass man Ihnen damit auch automatisch zustimmt. Es heißt nur, dass Sie buchstäblich »Gehör finden«.

wichtig

Reden Sie sich nichts ein! Werfen Sie Gedanken wie »Ich kann nicht gut reden«, »Nie fällt mir was ein«, »Irgendwie werde ich nicht beachtet« etc. so weit es geht über Bord. Wenn das nicht funktioniert, weil Sie zu sehr davon überzeugt sind, nehmen Sie die entsprechenden Sätze zur Kenntnis und parken sie auf der Seite. Wer sich ständig vorsagt, dass er etwas nicht kann, blockiert sich selbst. Das kann so weit führen, dass Sie tatsächlich scheitern.

Auch die Wortwahl ist wichtig: Damit sind mit Bedacht gewählte Wörter gemeint – und auch der zur Situation passende Wortschatz.

Die Stimme bewusst einsetzen – aber sich selbst treu bleiben

Natürlich können Sie Ihre Stimme bewusst einsetzen und auch gezielt verändern. Allein oder mit Unterstützung. Achten Sie jedoch immer darauf, Ihrer Persönlichkeit treu zu bleiben.

Wer eigentlich recht leise spricht und sich jetzt plötzlich zwingt, laut zu reden, wird sich – sofern ihm das überhaupt gelingt – sehr wahrscheinlich in seiner Haut unwohl fühlen. Das führt möglicherweise zu noch größerer Unsicherheit. Wer eine sehr monotone Stimme hat und den Rat bekommt, etwas mehr Melodie reinzubringen, produziert möglicherweise Sing-Sang.

Nichts übereilen!

Wie sieht es mit der Geschwindigkeit aus? Ist das Sprechtempo angenehm – nicht zu schnell und nicht zu langsam? Sprechen Sie die Wörter komplett aus oder hängen Sie sie alle zusammen, so dass man sich schwer damit tut mitzukommen?

Nehmen Sie sich immer die Zeit, deutlich zu sprechen. Manche Menschen reden schneller, wenn sie unsicher sind oder nicht genau wissen, was sie sagen sollen. Dann überbrückt der Mund oft und versucht Zeit zu gewinnen, bis der Kopf aufholt und Argumente findet.

In solchen Fällen ist es besser, ganz bewusst eine Pause zu machen. Positiver Nebeneffekt: Wer Pausen macht, auch Mut zum Schweigen hat und deutlich sichtbar nachdenkt, wird vom Gegenüber noch mehr geschätzt. Denn ein solches Verhalten zeigt Interesse am Gegenüber und dass die Antwort nicht einfach abgespult wird, sondern wohl überlegt ist. Natürlich können Sie eine kurze Schweigephase – ob persönlich oder am Telefon – auch entsprechend einleiten: »Lassen Sie mich mal kurz darüber nachdenken.« Oder wiederholen Sie die Frage.

Die Stimme lässt sich ausbilden

Die Möglichkeiten, gezielt an der Stimme zu arbeiten, sind vielfältig: Von der reinen Stimmbildung, bei der Sie an Volumen, Färbung und Aussprache feilen, über Sprechkurse, die Ihnen helfen, anhand von Übungstex-

aufgabe

✔ Bevor Sie aktiv an Ihrer Stimme arbeiten, sollten Sie sie erst einmal akzeptieren und sich daran gewöhnen. Kennen Sie das seltsame Gefühl, wenn man sich auf Band hört? Die eigene Stimme klingt so ganz anders als man sie »in sich« wahrnimmt.

✔ Schalten Sie den Kassettenrekorder auf »Aufnahme« und lesen Sie einen Absatz aus einem Buch vor. Es geht noch gar nicht um Ausdrucksstärke oder eine spezielle Betonung. Lesen Sie ganz normal, wie Sie es auch sonst tun. Hören Sie sich dann diese Aufnahme mehrmals an. Achten Sie immer auf etwas anderes: Beim ersten Mal nur auf den Tonfall, dann auf die Geschwindigkeit, dann auf die Deutlichkeit Ihrer Aussprache.

Und: Gewöhnen Sie sich ganz einfach an den Klang Ihrer Stimme.

✔ Danach machen Sie sich Notizen: Was gefällt Ihnen gut, wo würden Sie gerne etwas verbessern?

ten Ihre Vortragsweise zu optimieren, bis hin zu Rhetorik-Kursen. Wenn Sie sich zu einem Rhetorik-Seminar entschließen, wählen Sie auf jeden Fall eines mit Video-Aufzeichnung. Davor haben viele Leute Angst, auch wenn es nur eine Übungssituation ist und alle im selben Boot sitzen: Es ist jedoch die effektivste Weise, an der eigenen Wirkung zu feilen und sich auch einmal selbst zu beobachten.
Nach dem Kurs fällt es leichter, bewusster und gezielter an sich selbst zu arbeiten.

Wortschatz

Es war schon kurz vom passenden Wortschatz die Rede. Was genau ist damit gemeint? Wir alle haben einen aktiven Wortschatz, der nur einen Bruchteil dessen umfasst, was unsere Sprache hergibt.

Nicht immer ist das Wort, das wir in unserem aktiven Wortschatz parat haben, auch das treffendste.

Ein Beispiel: »Das ärgert mich.« Sie können den Begriff »ärgern« für verschiedene, auch sehr unterschiedliche Situationen einsetzen. Vielleicht nervt Sie etwas, vielleicht regt es Sie total auf, vielleicht treibt es Sie zum Wahnsinn, vielleicht finden Sie es aber auch einfach nur unmöglich oder unpassend ...

Aktivieren Sie Ihren passiven Wortschatz. Überlegen Sie, was Sie ausdrücken wollen und suchen Sie nach treffenderen Bezeichnungen für die jeweilige Situation.

Vorsicht vor Fremdwörtern. Natürlich können Sie Fachjargon und Fremdwörter nutzen, wenn Sie ganz sicher sind, dass jeder Anwesende auch wirklich folgen kann. Ansonsten gilt: lieber Finger weg davon. Sie schinden damit

wichtig

Atmen nicht vergessen!

Eine ruhige, tiefe Atmung sorgt dafür, dass Sie auch ruhig und kontrolliert sprechen können: Ihr Körper bleibt entspannt oder wird ruhiger, wenn Sie tief in den Bauch atmen – das hilft sehr gut, wenn Sie nervös sind.

Zwischendurch Luft zu holen ist ebenfalls wichtig: Sonst geht Ihnen an der falschen Stelle der Atem aus und Ihr Satz bricht unvermittelt ab oder klingt gepresst.

weit weniger Eindruck, als man gemeinhin denkt. Im Gegenteil: Es kann schnell ignorant wirken.

Immer sinnvoll ist es, ein Fremdwort auch kurz zu erklären. Dann lernen Ihre Zuhörer oder Leser ganz nebenbei auch noch etwas, wenn sie es noch nicht wussten. Natürlich ist es wichtig, nicht besserwisserisch zu wirken, etwa nach dem Motto: »Ich erkläre Ihnen jetzt mal, was das heißt.« Wenn Sie den Begriff bei einem Vortrag ganz selbstverständlich in Ihrem Sprachfluss unterbringen oder im Text in Klammern setzen, wirkt es nicht als Belehrung, sondern informativ. Beispiel: »In Internet-Communities gibt es immer stille Mitleser, diese nennt man übrigens Lurker.«

! tipp

Beim Thema Stimmbildung heißt es üben, üben und üben. Lesen Sie laut und hören Sie sich zu. Setzen Sie Ihre Stimme bewusst ein und betonen Sie wichtige Wörter. Bringen Sie Abwechslung und Leben in Ihren Vortrag, indem Sie die Bedeutung einzelner Adjektive durch Ihre Stimme unterstreichen – und beispielsweise witzige Passagen auch entsprechend präsentieren.

Vor allen Dingen: Lesen Sie viel. Schlagen Sie Wörter, die Ihnen unbekannt sind, nach.

und freundlicher Gesprächspartner geschätzt. So sammeln Sie Punkte.

Übrigens gelten alle genannten Tipps auch für wirkungsvolle Telefongespräche. Lassen Sie sich am Telefon nicht dazu verleiten, nachlässiger zu sein, weil Ihr Gegenüber Sie nicht sehen kann. Gerade deshalb achtet Ihr Gesprächspartner in besonderem Maße auf Wortwahl und Sprachmelodie. Aus diesem Grund ist es wichtig, noch bewusster und aufmerksamer zu sein und mit Ihrer Stimme zu arbeiten. Auch am Telefon sollten Sie alle Höflichkeitsregeln einhalten, die Sie im persönlichen Gespräch anwenden: Nebenbei etwas anderes erledigen, mit den Augen rollen, Hörer weghalten und ähnliche Respektlosigkeiten wirken sich äußerst negativ aus. Auf Ihre eigene Einstellung und Konzentration – und auch das Gegenüber bekommt mit, dass da etwas nicht stimmt.

So führen Sie wirkungsvolle Gespräche

Nicht-wirken geht nicht. Aber die Wirkung positiv beeinflussen und Gespräche für sich nutzen, das geht durchaus. Damit ist übrigens nicht ausnutzen oder gar manipulieren gemeint. Sondern aktiv sein, Ziele verfolgen und positiv bei den Gesprächspartnern ankommen. Unabhängig vom Thema. Auch wenn es um unangenehmere Dinge geht oder sich Gesprächspartner persönlich nicht mögen, ist es dennoch wichtig und möglich, ein respektvolles und gutes Klima herzustellen. Selbst wenn man einmal keinen Konsens findet, werden Sie als angenehmer, sachlicher

Wichtig ist ein angenehmes Gesprächsklima – auch wenn es um unangenehme Dinge geht.

Erfolgsfaktor Vorbereitung

Für ein gutes Gespräch ist immer eine sorgfältige Vorbereitung nötig. Wenn es sich um vereinbarte Termine handelt, ist es essenziell, dass Sie sich auch vorbereitet haben. Es ist sehr negativ für Ihr Image, wenn Sie »blank« in Besprechungen kommen. Wer das Argument »keine Zeit« vorschiebt, vermittelt seinem Gesprächspartner, dass er die Prioritäten anders setzt, dass die Thematik und/oder das Gegenüber ihm nicht wichtig genug sind.

Wenn Sie es einmal nicht schaffen, sich ausreichend vorzubereiten, geben Sie Ihrem Gesprächspartner vorher oder gleich zu Anfang des Gespräches Bescheid, entschuldigen Sie sich dafür und fragen Sie, ob der Termin trotzdem stattfinden kann oder lieber verschoben werden sollte. Manchmal kann bereits ein kleiner Aufschub ausreichen, um Informationen zu sammeln und sich einige Gedanken zu machen.

Vorbereitung heißt: Informationen sichten. Was gibt es an Vorschlägen oder Plänen? Was ist bereits passiert? Welche Lösungen stehen im Raum? Was ist Ihre Meinung dazu? Welche Ziele möchten Sie erreichen?

Der richtige Ansprechpartner

Reden Sie mit den richtigen Leuten! Sie können die tollsten Argumente und die besten Ideen haben und sie überzeugend Ihrem Bürokollegen vermitteln. Wenn der jedoch keine Entscheidungsmöglichkeiten hat, verpufft alles. Gut, umsonst ist das nicht: Wenn Ihr Kollege viel von Ihnen hält, gibt er seine Bewunderung eventuell auch weiter

tipp

Halten Sie Ihre Gedanken immer schriftlich fest – in aussagekräftigen Stichpunkten. Das geht schnell und ist übersichtlich. Sortieren Sie dann die wichtigsten Punkte und nehmen Sie die Notizen oder zumindest einen Spickzettel mit in das Gespräch. Bei komplexen Sachverhalten geben Sie schriftliche Informationen an Ihre Gesprächspartner bzw. bitten Sie den relevanten Ansprechpartner um entsprechende Unterlagen.

Details dazu auch im folgenden Abschnitt »Aktiv in Meetings«.

und Ihre Ideen kommen mit viel Glück auf Umwegen an.

Doch Achtung: Das Gespräch unter Kollegen kann nicht nur wirkungslos sein, weil man so die eigentlichen Ziele nicht erreicht, sondern unter Umständen sogar kontraproduktiv. Angenommen Sie ärgern sich über Ihren Arbeitgeber, weil der Informationsfluss nicht gut genug ist. Wenn Sie nun lautstark losschimpfen und die Stimmung anheizen, geht der Schuss nach hinten los. Erstens reden Sie hinter dem Rücken von anderen, was Sie sicherlich auch selbst nicht schätzen, zweitens wird dadurch die Situation nicht besser. Schlimmer noch: Man sieht Sie als destruktiven Stimmungsmacher.

Es geht hier nicht darum, alles unkritisch hinzunehmen. Seien Sie kritisch! Das zeigt, dass Ihnen das Unternehmen am Herzen liegt. Aber bleiben Sie immer fair und konstruktiv.

Überlegen Sie sich also je nach Anliegen: Wer ist der richtige Ansprechpartner in dieser Sache? Wer kann die Situation beurteilen, ändern oder an der richtigen Stelle Vorschläge vorbringen?

Vielleicht haben Sie sogar schon konkrete Ideen, was man tun könnte.

Strukturiert vorgehen und auf Kurs bleiben

Gehen Sie immer strukturiert vor. Deshalb ist ein Spickzettel vorteilhaft, an dem Sie sich orientieren können. Nicht immer bleibt Vorbereitungszeit. Bei einem spontanen Gespräch erfahren Sie erst währenddessen, worum es geht.

Machen Sie es sich deshalb zur Regel, einen Punkt nach dem anderen zu erledigen. Oft kommen während des Gesprächs weitere Themen zur Sprache – und man läuft Gefahr, den Faden zu verlieren und von Aspekt zu Aspekt zu springen, ohne etwas zu lösen oder zu entscheiden.

Können Sie zuhören?

Menschen, die als gute Gesprächspartner gesehen werden, können eines besonders gut: Zuhören. Die oberste Regel für ein gutes Gespräch besteht darin zuzuhören und zu verstehen.

Manchmal ist das Anliegen des anderen auch nicht ganz klar: Wiederholen Sie deshalb, was Sie verstanden haben, und stellen Sie sicher, dass Sie richtig liegen. Haken Sie nach.

So fällt es Ihnen nicht nur leichter, konzentriert zu bleiben, Sie zeigen Ihrem Gesprächspartner auch, dass Sie sich für ihn und sein Thema interessieren und ihn ernst nehmen.

Dialog statt Monolog

In vielen Gesprächen wird nicht miteinander, sondern aneinander vorbei oder gar gegeneinander gesprochen. Da lässt einer den anderen nicht ausreden, weil er zu wissen glaubt, worauf der Satz hinauslaufen wird. Da überlegt man innerlich schon, was man als Nächstes sagen wird, anstatt zu hören, worum es dem anderen geht.

Beziehen Sie Ihre Gesprächspartner aktiv ein: Fragen Sie nach ihrer Meinung. Wiederholen Sie das Gesagte, wenn es ins Gespräch passt. Geben Sie aktive Rückmeldung.

tipp

Halten Sie neue Ideen oder Themen fest: Schreiben Sie sie auf und signalisieren Sie Ihrem Gesprächspartner, dass Sie erst die aktuelle Angelegenheit klären und anschließend auf den neuen Punkt zurückkommen wollen. Das Aufschreiben ist wichtig, weil das Thema sonst eventuell doch vergessen wird.

Wichtig ist auch hier: Wenn Sie den Dialog nur als Taktik benutzen und es Ihnen eigentlich egal ist, was der andere sagt, meint oder denkt, merkt Ihr Gegenüber das. Ein guter Gesprächspartner hat ernsthaftes Interesse an den Ansichten des anderen.

Sich positiv in Szene setzen

Wie wichtig eine gute Vorbereitung und aktives Zuhören sind, wissen Sie bereits. Jetzt heißt es noch, sich aktiv positiv in Szene zu setzen.

Dazu gehört vor allem, dass Sie immer hinter Ihrer Meinung stehen. Wer sich nicht sicher ist, versteckt sich hinter vagen Formulierungen oder wird immer leiser. Sagen Sie immer konkret, was Sie meinen. Da Sie vorbereitet sind, können Sie entsprechende Argumente bringen und sind auch für Rückfragen gewappnet.

Wenn Sie das nicht sind, geben Sie es zu. Wenn Sie etwas nicht wissen, sagen Sie es. Ergänzen Sie das, was Sie zur Rückfrage spontan sagen können, und reichen Sie weitere Informationen nach.

Vermeiden Sie das Wort »man«, außer bei allgemeinen Beschreibungen. Wenn Sie aber sich selbst meinen oder einen aktiven Vorschlag haben, dann sollte das auch klar erkennbar sein: Nicht: »Man geht davon aus, dass« sondern »Ich gehe davon aus, dass«, statt »Man könnte mal wieder die Fenster putzen« »Können wir den Putzdienst bestellen, damit die Fenster wieder geputzt werden?«

Nennen Sie die Dinge beim Namen! Wie im Abschnitt »Schriftlich eine gute Figur machen« näher erklärt, sollten Sie sich und

aufgabe

Hören Sie sich in Gesprächen bewusst selbst zu: Gehen Sie auf den anderen ein oder verfolgen Sie einfach Ihren eigenen Gedankengang weiter – oder wechseln gar das Thema? Hängt Ihr Gesprächsverhalten davon ab, wer Ihr Gegenüber ist? Inwiefern unterscheidet es sich?

Ihre Bereitschaft zum Teilen von Wissen und Erfahrung in den Mittelpunkt rücken, wenn es thematisch passt.

Denken Sie immer etwas breiter: Seien Sie mit Ihren Argumenten nie nur auf sich selbst bedacht, sondern sehen Sie das »big picture« – die Auswirkungen auf andere Beteiligte, Abteilungen, das gesamte Unternehmen, das Gesamtprojekt etc.

Wie sieht es mit Ihrer Körpersprache aus? Hüten Sie sich vor laienhaften Interpretationen und lassen Sie sich nicht von allgegenwärtigen Ratschlägen wie »Gerade hinsetzen!« oder »Keinesfalls die Hände verschränken!« einschüchtern und lähmen. Das Beste ist: Benehmen Sie sich ganz natürlich – aber achten Sie bewusst darauf, was Sie tun.

Ein weiterer wertvoller Rat zum Thema »einen guten Eindruck machen« ist: Immer einen Plan B parat haben. Sie haben ein Ziel und erreichen es nicht oder nur teilweise? Jetzt kommt Plan B zum Einsatz. Wer so vorbereitet ist, kann nur gewinnen – und beweist gleichzeitig vorausschauendes Denken und Handeln im Sinne des Unternehmens.

Die Stimmung ist emotionsgeladen

In Situationen, in denen die Atmosphäre aufgeladen ist, können sachliche und freundliche Gespräche erst geführt werden, wenn sich die Wogen geglättet haben. Erstes Ziel ist deshalb: Sich und andere beruhigen.

Wenn Ihr Gesprächspartner verärgert ist, hilft es,

→ den anderen ausreden zu lassen.

→ Verständnis für den Ärger des anderen zu zeigen und sich gegebenenfalls zu entschuldigen. Das wird häufig mit Rechtgeben verwechselt: Es geht jedoch nur darum, Verständnis zu zeigen. Und wenn sich jemand über Sie oder Ihr Unternehmen ärgert, ist das ein Grund, sich zu entschuldigen – um sich dann gemeinsam um eine Lösung zu bemühen.

→ gezielt nachzufragen bzw. zu wiederholen. Wenn Sie es ernst meinen und wirklich an einer Lösung interessiert sind, bauen Sie mit einem solchen Einstieg Spannungen ab. Ihr Gesprächspartner wird ruhiger, weil er merkt, dass er ernst genommen wird und Sie sich bemühen, sein Problem zu lösen.

Wenn Sie selbst verärgert sind:

→ Sofern Ihr Ärger nichts mit dem anderen zu tun hat, sagen Sie das sofort! Manchmal ist man ja mit dem falschen Fuß aufgestanden oder hatte eine frustrierende Situation noch nicht »verdaut«, als man in das Gespräch hineinging.

> ## ! tipp
>
> Sie können Ihr Befinden ganz bewusst beeinflussen. Probieren Sie in einer ruhigen Minute aus, wie Sie sich fühlen, wenn Sie Ihre Körperhaltung verändern. Verschränken Sie die Arme und spüren Sie, wie sich das anfühlt. Öffnen Sie die Arme und legen Sie sie locker auf Ihre Oberschenkel: Wie ist es jetzt? Lassen Sie Ihre Schultern nach unten sacken und den Kopf etwas hängen: Wie geht es Ihnen? Stellen Sie sich locker, mit geradem Rücken hin, die Schultern gestreckt, den Kopf erhoben und die Arme lässig herunterhängend: Wie fühlt sich das an im Vergleich zu vorher?

→ Bemühen Sie sich um einen ruhigen Ton: Das geht am besten, wenn Sie offen und sachlich sagen, was Sie so ärgert. Üben Sie, genau zu beschreiben, was in Ihnen vorgeht – anstatt dem anderen gleich ins Gesicht zu springen.

→ Vielleicht haben Sie sich im Eifer des Gefechts im Ton vergriffen: Entschuldigen Sie sich am besten sofort dafür. Wenn Sie sich dazu nicht gleich überwinden können, dann tun Sie es im Nachhinein.

→ Bitten Sie um eine kurze Pause. Atmen Sie tief durch und gewinnen Sie Ihre Fassung wieder, bevor das Gespräch weitergeht.

Aktiv in Meetings

Firmen-Meetings, Abteilungsbesprechungen, Projektgruppen-Treffen: Den aktiven Austausch in Form von Besprechungen gibt es überall. Manchmal hat man eine Hauptrolle, zum Beispiel wenn es um das eigene Fachgebiet geht, oft ist man lediglich Zuhörer. Gute Selbst-PR bedeutet auch, präsent zu sein. Das muss nicht heißen, dass Sie sich immer zu Wort melden.

Immer vorbereitet sein!

Wenn Sie von einem Kollegen zu einer Besprechung gebeten werden, lassen Sie sich vorher konkret sagen, worum es geht, und besorgen Sie sich eventuell bereits vorhandene Informationen. Vorbereitung muss nicht lange dauern: Die meisten Themen sind Ihnen ohnehin vertraut, weil Sie Ihren Fachbereich betreffen bzw. weil Sie auf Ihren Erfahrungsschatz zurückgreifen können.
Wenn Sie nicht vorbereitet sind, beispielsweise weil ein Thema völlig neu für Sie ist oder Sie unvermittelt um Ihre Meinung gebeten werden: keine Panik! Niemand erwartet, dass Sie auf eine spontane Frage eine ausgefeilte und detaillierte Antwort geben. Wenn es passend ist, sagen Sie ruhig ganz offen: »Darüber habe ich mir noch nie Gedanken gemacht, spontan würde ich sagen ...« oder »Gute Frage, ich denke, ...« Bieten Sie anschließend an, noch einmal auf den Punkt zurückzukom-

tipp

Übrigens geht es bei emotionsgeladenen Gesprächen immer schwerpunktmäßig darum, dass der andere sich in irgendeiner Weise nicht ernst genommen fühlt. Der Inhalt ist zwar wichtig, aber niemals der eigentliche Anlass für heftige Emotionen und das Gefühl, persönlich attackiert zu werden.

men, wenn Sie sich ausführlich darüber informiert haben.

Auch schweigend einen guten Eindruck machen

Oft wird in entsprechenden Kursen oder Ratgebern der Fokus auf Aktivität gesetzt. Dabei ist auch die Zeit »zwischen den Auftritten« entscheidend dafür, wie gut Sie bei Ihrer Umgebung ankommen und wie sehr man Sie schätzt.
Hören Sie demjenigen, der das Wort hat, interessiert zu? Sind Sie in der Besprechung allgemein aufmerksam oder denken Sie an etwas ganz anderes und wissen stellenweise gar nicht, worum es geht?
Übrigens gibt es keine akzeptable Begründung dafür, unaufmerksam zu sein: Vielleicht sind Sie in einer Besprechung und denken, dass es viel effektiver wäre, jetzt an Ihrem Schreibtisch zu sitzen und »wirklich« zu arbeiten. Vielleicht sind die Besprechungen tatsächlich zum Gähnen langweilig. Kein Grund gedank-

| *Wer sein Desinteresse so deutlich zeigt, darf sich über entsprechende Image-Einbußen nicht wundern.*

lich »auszusteigen«. Sie schaden sich nicht nur selbst durch ein solches Verhalten – sei es bewusst oder unbewusst –, sondern benehmen sich Ihren Kollegen gegenüber auch respektlos.

Es steht Ihnen ja frei, sich darum zu bemühen, dass Ihre Besprechungen besser und lebendiger gestaltet werden. Ein wichtiger Schritt dabei ist, selber aktiv zu sein.

Sich zu Wort melden

Wer aufmerksam dabei ist, kann bei einer Besprechung meist einen wertvollen Beitrag leisten: Manchmal durch eine Rückfrage, um genauere Informationen zu bekommen, oder durch einen Vorschlag, eine Meinung.

Aber auch hier gilt: Niemals nur Fragen stellen, um sich auch einmal zu Wort zu melden. Bitte unterbrechen Sie niemanden! Wenn es doch einmal passiert, entschuldigen Sie sich dafür und lassen Sie den anderen ausreden. Bleiben Sie immer beim Thema. Bringen Sie neue Themen nur dann ein, wenn das vorherige abgeschlossen ist.

Lassen Sie andere zu Wort kommen: Nicht jeder ergreift selbstbewusst das Wort, nicht jeder ist schnell bei der Sache. Wenn Sie zur lauteren und schnelleren Sorte gehören: Achten Sie darauf, dass Sie Ihre leiseren, zurückhaltenderen Kollegen nicht überfahren. Wenn Sie zu den leiseren gehören, machen Sie sich bemerkbar.

Nie lässt mich jemand ausreden!

Wenn Sie nicht ausreden können oder das Gefühl haben, dass Sie für die Kollegen mehr oder weniger unsichtbar sind, gibt es nur eins: Nicht jammern! Sie wollen ja nicht durch Mitleid, nach dem Motto »Okay, jetzt darf xy auch mal was sagen!« zu Wort kommen.
Es ist wichtig, eine stabile Haltung einzunehmen. Verkriechen Sie sich nicht, sondern sitzen oder stehen Sie aufrecht. Am besten mit beiden Beinen auf der Erde – das hilft, ein gutes Gefühl zu bekommen.
Wichtig ist auch, dass Sie Zutrauen in Ihre eigene Meinung bekommen. Dabei helfen Ihnen die Tipps ab → Seite 57.

Gehen Sie immer respektvoll mit den Meinungen anderer um

Wenn Sie etwas zu kritisieren haben oder einfach anderer Meinung sind, achten Sie immer darauf, wie Sie Ihren Einwand formulieren. Vermeiden Sie persönliche Angriffe wie »So ein Schwachsinn!« oder »Das führt doch zu nichts, das weiß doch jeder.« Auch nonverbale Zeichen des Missfallens wie Augenrollen oder lautstarkes Seufzen kommen nicht gut an. Denken Sie immer daran, wie es Ihnen geht, wenn jemand sich Ihnen gegenüber so verhält. Fragen Sie stattdessen nach, ob der Kollege einen bestimmten Punkt bedacht hat. Sagen Sie ruhig, dass Sie in bestimmten Bereichen Zweifel haben: »Ich bin mir nicht sicher, ob das funktioniert, weil ...« oder »Ist das nicht zu viel Aufwand für uns?«

Sitzen, stehen, etwas zeigen

Sie sollten immer individuell entscheiden, ob Sie bei einer Präsentation sitzen bleiben, sich hinstellen oder etwas an die Flipchart zeichnen. Macht es Sinn zu stehen, zum Beispiel, weil viele Leute versammelt sind und man Sie so besser sehen und hören kann? Fühlen Sie sich wohler, wenn Sie auf den Beinen sind? Ist der Sachverhalt, über den Sie berichten, komplexer – nützt es Ihrem Beitrag, wenn Sie eine Skizze machen oder einige Stichworte notieren?

aufgabe

Beobachten Sie sich einmal selbst dabei, wie Sie sich in Besprechungen verhalten: Sind Sie aktiv, reden Sie viel – oder sind Sie eher zurückhaltend? Achten Sie auch darauf, was Sie sagen. Kritisieren Sie andauernd? Finden Sie alles, was gesagt wird, gut? Analysieren Sie Ihre Rolle. Am besten wieder schriftlich. Dann sehen Sie, wo Sie Ihre Wirkung verbessern können.

aufgabe

Machen Sie sich zu Hause schriftlich Gedanken darüber, warum Sie so zurückhaltend sind: Haben Sie das Gefühl, dass Ihre Meinung nichts wert ist? Dass man Sie als Person nicht anerkennt? Liegt es an dem Personenkreis in der Besprechung oder gar an einer einzelnen Person? Fürchten Sie, dass man Ihren Beitrag auseinander nehmen könnte, Rückfragen stellt, die Sie dann vielleicht nicht beantworten können? Oder dass man Sie kritisiert oder sogar auslacht? Schreiben Sie Ihre Gedanken und auch Ihre Gefühle auf und setzen Sie sich gezielt damit auseinander.

Nutzen Sie die Möglichkeiten, die sich Ihnen bieten, ganz natürlich. Zwingen Sie sich nicht, etwas zu tun oder nicht zu tun, wenn Sie sich damit nicht wohl fühlen.

Spielen und Kritzeln

Viele Menschen wissen nicht, was sie mit ihren Händen tun sollen. Darum sind das Herumspielen mit einem Kugelschreiber oder das Kritzeln recht beliebt. Diese Tätigkeiten müssen nicht bedeuten, dass Sie gelangweilt, unruhig oder nervös sind. Aber sie wirken so. Da ein Außenstehender nur sieht, dass Sie sich anderweitig beschäftigen, bekommt er schnell den Eindruck, dass Sie nicht zuhören, eventuell Beitrag oder Sprecher lästig finden. Außerdem kann es sein, dass Sie durch diese Spielereien Hektik und Unruhe in die Runde bringen.

Natürlich ist es wichtig, immer für viel Licht, bei längeren Meetings für Pausen und Verpflegung und frische Luft zu sorgen!

Erfolgreich präsentieren

Es gibt Umfrageergebnisse, nach denen die Angst vor der öffentlichen Rede höher rangiert als die vor dem Tod. Wenn Sie also Probleme damit haben, im Rampenlicht zu stehen, können Sie beruhigt aufatmen: Den meisten anderen geht es genauso! Bei einer Präsentation möchte man beeindrucken: Mit seinem Inhalt und auch mit seiner Person. Die Furcht, sich zu blamieren – noch dazu vor einer ganzen Gruppe von Menschen – ist ganz normal. Eine gewisse Aufregung kann sich sogar sehr positiv auswirken.

Es lohnt sich, Folgendes zu wissen:
1. Ihr Publikum will, dass Sie erfolgreich sind.
2. Wenn Sie wissen, wovon Sie sprechen, und vor allen Dingen selbst an Ihrem Thema interessiert sind, kann Ihnen nichts passieren. Die Menschen, die Sie abwartend anstarren, möchten gerne etwas Interessantes von Ihnen hören. Sie sind gespannt darauf, dass sie etwas Neues erfahren, etwas dazulernen. Und keiner im Publikum möchte in diesem Moment mit Ihnen tauschen! Sehen Sie Ihr Publikum nicht als Feind, sondern als das, was es ist: Ihre Zuhörer.

wichtig

10 Grundregeln für erfolgreiche Meetings

1. Das Thema klar definieren und eine aussagekräftige Tagesordnung aufstellen.

2. Rechtzeitig den Termin vereinbaren und allen Teilnehmern mitteilen.

3. Die Zeit begrenzen und über diesen Zeitrahmen informieren.

4. Die Teilnehmer vorher mit den entsprechenden Informationen versorgen.

5. Alle relevanten Kollegen – aber wirklich auch nur die – dazu bitten.

6. Einen erfahrenen Moderator bestimmen, der Dinge auf den Punkt bringen und auch mal Wogen glätten kann.

7. Auf Kurs bleiben.

8. Keine Unterbrechungen zulassen.

9. Sofort Entscheidungen treffen – zumindest die Sache weiterbringen.

10. Einen Aktionsplan und ein Ergebnisprotokoll (wer macht was mit wem bis wann) verfassen.

Das A und O für Ihren Erfolg ist eine gute Vorbereitung: Sie müssen einen Grund haben, öffentlich zu sprechen – egal, ob es ein Vortrag im Rahmen einer kleinen Geschäftsbesprechung ist oder eine Präsentation für 200 Leute auf einer Tagung. Wenn es diesen Grund nicht gibt – oder wenn Ihr Thema Ihnen selbst nicht wichtig ist, dann verschwenden Sie nicht nur jedermanns Zeit, sondern werden auch nicht erfolgreich sein.

Beim Aufbau Ihrer Präsentation hilft Ihnen auch der Abschnitt »Werkzeugkasten« ab → Seite 61.

Mittel gegen Nervosität

Auch wenn etwas Lampenfieber immer dabei ist, können Sie einiges tun, um die Nervosität deutlich zu senken. Der wichtigste Punkt ist, sich nicht ständig einzureden, wie furchtbar es ist, vor anderen reden zu müssen. Damit blockieren Sie sich nicht nur selbst, sondern steigern Ihre Nervosität ins Unermessliche.

Hier einige Tipps, um Ihre Nervosität in Grenzen zu halten:

→ »Über-üben« Sie nicht! Die Gefahr, dass Sie sich im Kopf zu sehr festlegen und dann durcheinander kommen, ist zu groß. Außerdem wirkt der Vortrag leicht auswendig gelernt.

→ Trinken Sie keinen Tee oder Kaffee vor Ihrem Auftritt, das putscht Sie nur noch weiter auf. Insgesamt lieber weniger trinken und kurz vorher noch einmal auf die Toilette gehen.

→ Versuchen Sie vor der Präsentation für einen kurzen Moment zur Ruhe zu kommen.

Halten Sie sich von Leuten fern, die Ihnen permanent versichern »wird schon schiefgehen«.
→ Wenn Ihr Puls steigt: einfach tiefe Atemzüge in den Bauch machen. Sie merken sofort, wie Sie ruhiger werden. Ihr Körper kann gar nicht anders und das überträgt sich auf Ihr Befinden.

Vergessen Sie Tipps wie »Stellen Sie sich Ihr Publikum nackt vor« oder »... wie es auf der Toilette sitzt«. Abgesehen davon, dass diese Gedanken nicht gerade erhebend sind, zielen sie darauf ab, Ihre Zuhörer lächerlich zu machen. Eine solche Respektlosigkeit behindert Ihre Präsentation, selbst wenn Sie glauben, dass es »ja nur in meinem Kopf« ist.

Werkzeuge: der rote Faden

Es gibt die verschiedensten Mittel, die Ihnen helfen, Ihre Präsentation gut strukturiert und sicher zu halten. Die schlechteste zuerst: Den Vortrag Wort für Wort von einem Konzeptpapier abzulesen.
Wenn Sie das tun, sind Sie für Ihr Publikum uninteressant. Sie können keinen Blickkontakt halten, weil Sie sich aufs Lesen konzentrieren. Es wird negativ vermerkt, dass Sie, der Sie ja in Ihrem Spezialgebiet zu Hause sein sollten, Ihr Fachwissen nicht einmal aus dem Kopf präsentieren können.

Gute Methoden:

→ Einseitig beschriebene Karteikärtchen, auf denen Sie in großen Buchstaben und mit viel Abstand Stichpunkte notiert haben. Nummerieren Sie die Karteikarten, falls sie einmal runterfallen sollten.

Angenehmer Nebeneffekt: Kleine Karteikarten helfen Ihnen auch dabei, Ihre Nervosität nicht so deutlich zu zeigen – ein A 4-Papier zittert mit, wenn Ihre Hände am Anfang etwas unruhig sein sollten.
→ Die Gliederung Ihres Vortrages mit den wichtigsten Unterpunkten auf einer Flip-Chart oder einer Folie für alle sichtbar machen oder elektronisch präsentieren. Sie können sich anhand dieser Struktur durch Ihre Präsentation hangeln. Wenn Sie nicht möchten, dass Ihr Publikum sofort alle Punkte sieht, können Sie sie abdecken und nach und nach enthüllen.
Achten Sie darauf, dass die Schrift von jeder Stelle im Raum gut lesbar ist. Gegebenenfalls müssen Sie das Medium wechseln.

! tipp

Schauen Sie sich den Raum vorher an. Auch wenn es nur der Besprechungsraum in Ihrem Unternehmen ist, in dem Sie schon tausend Mal waren: Stellen Sie sich an den Ort, an dem Sie bei Ihrer Präsentation auch stehen werden, so bekommen Sie von dieser Warte her ein Gefühl für den Raum. Dann haben Sie später einen »Heimvorteil«, weil Sie die Umgebung bereits kennen.

Beschränken Sie sich immer auf Stichpunkte, die Sie schnell mit einem Blick erfassen können. Aber auch der Telegrammstil hat Grenzen: Die Notizen müssen natürlich aussagekräftig bleiben.

Visuelles & Technik

Wenn Sie mit Schaubildern arbeiten, beschränken Sie die Anzahl auf das Nötigste und überladen Sie die einzelnen Grafiken nicht. Ein guter Vortrag kommt völlig ohne Schaubilder aus. Aber viele Schaubilder kommen nicht ohne guten Vortrag aus. Wenn Sie mit Overhead-Projektor oder Beamer arbeiten,

besteht die Gefahr, dass Sie Ihr Publikum schnell ermüden: Der abgedunkelte Raum, das angestrengte Lesen schläfern schnell ein und reduzieren so die Aufmerksamkeit der Anwesenden. Nachteilig für Sie ist es außerdem, dass Sie in einem abgedunkelten Raum und mit einem Publikum, das an Ihnen vorbei an die Wand starrt, keine Beziehung aufbauen können. Diese enge Verbindung zu einem interessierten Publikum ist für eine erfolgreiche Präsentation jedoch sehr wichtig! Sorgen Sie außerdem für einen gut durchgelüfteten Raum mit angenehmer, nicht zu warmer Raumtemperatur.

Der überlegte Einsatz von Hilfsmitteln macht eine Präsentation abwechslungsreich und sorgt dafür, dass das Publikum interessiert und aufmerksam bleibt.

Wenn Sie auf Schaubilder nicht verzichten können, gilt:

→ So wenige wie möglich, so viele wie nötig.

→ Kontrastreiche Farben wählen.

→ Text in einer gut lesbaren, ausreichend großen Schrift. Nicht mehr als drei Schriftarten verwenden.

→ Auf Stichworte beschränken: »Schaubild-Bleiwüsten« sind kontraproduktiv und nerven das Publikum.

Zur Technik: Lernen Sie, mit der Technik von Overhead-Projektor, Beamer oder Notebook umzugehen, und machen Sie sich vorher mit den Geräten vertraut (wo ist der An-/Aus-Schalter? Ist das Gerät eingesteckt und korrekt eingestellt?). Wer mit Mikrofon vorträgt, sollte den Soundcheck machen und sich an das Gefühl gewöhnen, in ein Mikro zu sprechen. Wichtig ist außerdem, dass Sie Ihren Vortrag notfalls ohne Technik halten können! Sofern etwas schief läuft – und darauf müssen Sie

immer gefasst sein – müssen Sie in der Lage sein, zur Not auch ohne Ihre Schaubilder eine gute Präsentation hinzulegen.

Eine Beziehung aufbauen

Eine erfolgreiche Präsentation hängt maßgeblich davon ab, welche Beziehung Sie zu Ihrem Publikum aufbauen. Wenn man Sie sympathisch und interessant findet, hört man Ihnen lieber zu. Sie bekommen dann auch ermutigende Reaktionen aus dem Publikum: Ein Kopfnicken, ein Lächeln, ... anstatt der – übrigens ganz normalen – ausdruckslosen Gesichter eines anonymen Publikums.

Das Wichtigste ist der Blickkontakt: Sehen Sie Ihr Publikum an. Und nehmen Sie es nicht als gesichtslose Masse wahr. Sie sollten vor allen Dingen nicht, wie das manchmal geraten wird, knapp über die Köpfe der Leute hinwegschauen, das merkt das Publikum nämlich sehr wohl! Suchen Sie Blickkontakt zu den einzelnen Leuten. Wenn die Gruppe zu groß ist, blicken Sie in die Runde und sehen einigen Zuhörern direkt in die Augen, lächeln Sie.

Eine gute Möglichkeit, schnell einen Bezug zu Ihren Zuhörern zu bekommen, ist eine kleine Umfrage: »Wer von Ihnen ...« (Frage zum Thema). Durch die Bitte um Handzeichen beziehen Sie Ihr Publikum aktiv mit ein und können direkt einhaken und ins Thema überleiten bzw. weitersprechen.

So tröstlich es scheint, sich hinter einem Schreibtisch oder Stehpult zu verschanzen und festzuhalten: So bauen Sie eine Barriere zwischen sich und Ihrem Publikum auf. Und das führt letztlich dazu, dass Sie möglicher-

tipp

Bringen Sie Hilfsmittel, die Sie eventuell brauchen können, mit: Textmarker, Tesafilm, Schere, Verlängerungskabel, Ersatzbirne für den Overhead-Projektor ... Sie sind dann unabhängig von anderen Leuten und für fast alle Eventualitäten gerüstet.

weise während des ganzen Vortrages nicht locker werden, weil von Ihrem Publikum kein Feedback zurückkommt.

Strukturiert und verständlich bleiben

Sie haben sich gut vorbereitet. Sie kennen Ihr Anliegen und Ihre Ziele. Sprechen Sie natürlich – das heißt, genauso wie Sie auch sonst reden – und versuchen Sie nicht irgendwelche abgehobenen Sätze zu konstruieren, nur weil Sie besonders geschäftsmäßig wirken möchten.

Der Einsatz von Fachjargon ist nur dann sinnvoll, wenn Sie sicher sind, dass er verstanden wird oder wenn Sie die Begriffe auch erklären. Achten Sie darauf, nicht zu schwafeln. Das verwässert Ihre Argumente und Sie verlieren die Aufmerksamkeit der Zuhörer. Sprechen Sie möglichst frei – wenn Sie es sich zutrauen, gehen Sie spontan auf Ihr Publikum ein, zum Beispiel durch eine kurze Handzeichen-Umfrage.

Lassen Sie am Ende genug Zeit für Fragen, die Sie Ihren Zuhörern beantworten. Wenn es Zwischenfragen gibt, entscheiden Sie am besten individuell: Wenn es Sinn macht, die Frage direkt zu beantworten, beispielsweise weil es sich um eine Verständnisfrage handelt, von der jeder profitiert, oder weil es gerade jetzt gut zum Thema passt, nehmen Sie sie zwischenrein. Wenn es vom Thema wegführen oder Sie komplett aus dem Konzept bringen würde, notieren Sie die Frage und versprechen, im Anschluss darauf zurückzukommen. Dass Sie das dann natürlich auch tun, sollte eine Selbstverständlichkeit sein.

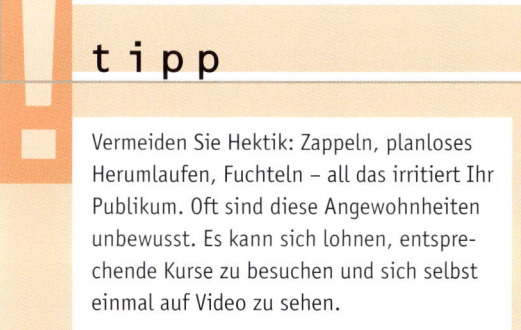

tipp

Vermeiden Sie Hektik: Zappeln, planloses Herumlaufen, Fuchteln – all das irritiert Ihr Publikum. Oft sind diese Angewohnheiten unbewusst. Es kann sich lohnen, entsprechende Kurse zu besuchen und sich selbst einmal auf Video zu sehen.

Setzen Sie Ihre Stimme gezielt ein

Wichtig ist, dass Sie Ihre Stimme der Raumgröße und Akustik anpassen. Man muss Sie überall gut hören. Wenn es ein größerer Raum ist, üben Sie vorher mit einer zweiten Person, die sich an verschiedene Positionen stellt.

In einem kleinen Zimmer mit nur wenigen Teilnehmern können Sie ganz normal sprechen, es sei denn, Sie haben eine extrem leise Stimme.

Der sparsam eingesetzte Wechsel der Lautstärke ist übrigens auch eine gute Möglichkeit, um Abwechslung und Leben in Ihre Präsentation zu bringen und sich die Aufmerksamkeit zu sichern.

Menschen mit monotoner Stimme, also mit wenig Höhen und Tiefen und wenig Sprachmelodie, kann man nur schwer längere Zeit aufmerksam zuhören: Der gleich bleibende Tonfall ohne größere Abwechslung ist sehr anstrengend. Das kann dazu führen, dass Sie die Aufmerksamkeit der Zuhörer verlieren. Details zur Stimme finden Sie ab → Seite 79.

Rückfragen und Einwände

Häufig werden in Rhetorikkursen abenteuerliche Tipps gegeben, wenn es darum geht, mit bösartigen Zwischenrufen umzugehen. Tatsache ist: Die Wahrscheinlichkeit, dass Sie einen bewusst agierenden Störer unter Ihren Zuhörern haben, ist denkbar gering. Konzentrieren Sie sich also nicht auf mögliche Extremfälle, sondern bereiten Sie sich insgesamt gut vor. Überlegen Sie sich, welche Rückfragen kommen könnten, flechten Sie Einwände ruhig auch direkt mit ein – »Sie fragen sich vielleicht ...« – und präsentieren Sie dann die Antwort. Wenn jemand einen Einwand bringt, den Sie sich selbst auch schon überlegt haben, bedanken Sie sich – »Danke. Diese Frage habe ich mir natürlich auch gestellt ...« – und beantworten Sie ihn.

Wenn eine Frage kommt, auf die Sie nicht vorbereitet sind, muss Ihnen das nicht peinlich sein, stehen Sie dazu: »Gute Frage. Darüber habe ich mich noch gar keine Gedanken gemacht. Spontan würde ich sagen ...« Geben Sie offen zu, wenn Sie etwas nicht wissen: Etwas erfinden, spekulieren oder gar hektisch das Thema wechseln ist kontraproduktiv.

Jede Gelegenheit wahrnehmen

Nehmen Sie jede Gelegenheit wahr, um vor einer Gruppe zu sprechen: ob es im Rahmen eines kleinen Abteilungs-Meetings ist, ob man Sie um einen Vortrag in einem Berufsverband bittet oder ob es um eine Geburtstagsansprache im privaten Bereich geht.
Üben Sie ruhig auch eine konkrete Präsentation vor Kollegen oder Ihrem Freundeskreis.

Übrigens kann es hilfreich sein, diesen Zuhörern einige Stichworte vorzugeben, auf die sie achten sollen: Stimme (Lautstärke, Verständlichkeit, Geschwindigkeit), Wirkung (ruhig, nervös, unsicher, kompetent) etc.

> **! tipp**
>
> Wenn jemand einen Einwand bringt und sich dabei im Ton vergreift, sollten Sie trotzdem freundlich bleiben. Versuchen Sie auf keinen Fall, Ihr Gegenüber bloßzustellen. Nehmen Sie Blickkontakt auf, gehen Sie sachlich auf den Einwand ein: »Sie sind der Meinung, meine Idee sei schwachsinnig. Wie genau meinen Sie das?« Oder einfach: »Warum sagen Sie das?« Wichtig ist, dass Sie freundlich bleiben und ernsthaft an der Antwort interessiert sind. Sie wirken souverän und unterstreichen Ihre fachliche und persönliche Kompetenz, wenn Sie sich nicht irritieren oder provozieren lassen.

Je öfter Sie sich in die ungewohnte Situation begeben, desto sicherer werden Sie. Und bedenken Sie immer: Ein bisschen Aufgeregtheit wird nicht nur bleiben, sondern gibt Ihnen auch den nötigen Kick!

interview

> Reden kann ich gut — und vor allen
> Dingen spontan: Mir fällt zum rich-
> tigen Zeitpunkt immer das Richtige
> ein und rhetorisch bin ich auch okay.
> Sobald es jedoch ums Schreiben geht,
> tu ich mich unheimlich schwer. Ich
> meine dann immer, ich muss besonders
> beeindruckende Formulierungen finden
> und dann sitze ich stundenlang da und
> schwitze und bringe überhaupt nichts
> zu Papier.

SCHRIFTLICH EINE GUTE FIGUR MACHEN

Korrespondenz, Berichte, Protokolle, Memos, Pläne, Ideen – auch das geschriebene Wort trägt maßgeblich zu Ihrem Image und beruflichen Erfolg bei.

Ganz abgesehen davon, dass das Formulieren wirkungsvoller Schriftstücke leichter geht, können Sie auch lernen, effizienter mit Ihrer Zeit umzugehen, wenn Sie schriftliche Abläufe optimieren und etwaige Defizite, die Sie in punkto Schreiben haben, ausgleichen.

Positiv: Nicht nur Sie selbst profitieren von Verbesserungen, sondern auch Ihre Firma.

Was wird gebraucht?

Bevor Sie sich ins wirkungsvolle Texten stürzen, sollten Sie erst einmal überprüfen, was überhaupt gefragt ist – in Ihrem Interesse und auch in dem Ihres Unternehmens.

Gerade das Berichtswesen entwickelt häufig ein Eigenleben: Aus Gewohnheit werden unzählige Dokumente erstellt, verschickt und – meist ungelesen – irgendwo abgeheftet.

Ob und in welcher Form die Dokumentation nötig ist, wird oft gar nicht mehr hinterfragt.

aufgabe

Listen Sie alle Schriftstücke auf, mit denen Sie beruflich zu tun haben: Gehen Sie dabei detailliert auf die einzelnen Varianten ein (z. B. Berichte: wöchentlicher Abteilungsbericht, monatlicher Verkaufsreport, Quartalsbericht, Projekt-Zwischenbericht etc.).

Notieren Sie zu jedem Punkt: Wer bekommt das Dokument? In welchen Intervallen ist es fällig? Wie lange brauchen Sie dafür? Für wie wichtig halten Sie das Dokument? Was würden Sie gern verbessern?

Seien Sie bei Ihrer Analyse auch selbstkritisch: Gibt es Schriftstücke, die Sie nur schreiben, um sich irgendwie abzusichern, um Aktivität vorzutäuschen, Wichtigkeit zu demonstrieren oder einfach in Kontakt mit Kollegen oder Vorgesetzten zu bleiben?

Dabei wäre genau das sehr wichtig: Das Schreiben bindet jede Menge Zeit, sorgt für Frustration, verschleudert Energie und frisst Büromaterial.
Die Möglichkeiten, diesen Bereich zu optimieren, sind glücklicherweise zahlreich.

Einige Ideen dazu:

→ Unnötige Berichte komplett streichen, ggf. durch kurze Informations-E-Mails ersetzen.

→ Zu kurze Intervalle verlängern.

→ Strukturierte Vorlagen für alle Beteiligten erarbeiten. Weil die Gestaltung gleich bleibt, können zudem die Inhalte schneller erfasst werden.

→ Statt langatmiger Protokolle lediglich Ergebnisprotokolle erstellen (wer macht was mit wem und bis wann?).

→ Den Verteiler durchforsten und die Protokolle nur an Leute schicken, die der Inhalt wirklich betrifft.

→ E-Mails nutzen oder gemeinsame Ordner einrichten, anstatt gedruckte Berichte zu verteilen.

Es kann natürlich auch sein, dass in Ihrem Unternehmen wichtige Informationen bisher nicht weitergegeben werden – oder ein sinnvolles Berichtswesen noch gar nicht existiert. Auch Ideen werden oftmals besser gewürdigt, wenn sie nicht zwischen Tür und Angel besprochen, sondern schriftlich eingereicht werden. Durch klares Ausarbeiten Ihres Vorschlags unterstreichen Sie Ihr Engagement und erhöhen die Chancen, dass Ihre Idee umgesetzt wird.

Natürlich gilt es abzuwägen, ob die Schriftform für die Präsentation Ihrer Idee wirklich angemessen ist, zum Beispiel weil die Thematik besonders wichtig oder komplex ist – oder Ihr Vorgesetzter sehr selten persönlich erreichbar ist.

Aber Vorsicht: Eine Idee wird nicht gewichtiger, nur weil sie in Form eines dicken Berichtes präsentiert wird. Ihr Statement darf kurz – muss aber immer klar und aussagekräftig sein.

Hilfreich und effizient: Standards und Vorlagen

Nutzen Sie den Computer und erleichtern Sie sich das Leben, indem Sie denselben Handgriff nicht immer wieder machen. Ihr Textverarbeitungsprogramm bietet viele Hilfsmittel wie Textbausteine, Makros, Dokumentvorlagen usw. Lernen Sie die vielen Tipps und Kniffe Ihrer Software näher kennen. Tauschen Sie sich mit Kollegen aus, kaufen Sie sich ein Handbuch, spicken Sie in der Hilfedatei. Auch wer schon gut mit dem PC umgehen kann, weiß selten alles.

Speichern Sie Vorlagen für Protokolle oder Berichte immer leer ab: Tragen Sie alles ein, was gleich bleibt – das ausgefüllte Dokument sollten Sie immer unter einem anderen Namen abspeichern. Damit ersparen Sie sich jedes Mal das Löschen alter Inhalte.

Wenn Sie Textpassagen speichern, die mehr oder weniger gleich bleiben, oder mit Standardbriefen arbeiten: Denken Sie immer daran, jedes Schriftstück zu personalisieren. Ein Brief, der wie ein Vordruck aussieht, hinterlässt einen faden Nachgeschmack beim Empfänger – unabhängig davon, ob die gewünschten Inhalte enthalten sind. Es wirkt leicht so, als seien Sie zu faul oder als sei Ihnen Inhalt oder Empfänger egal.

Sofern Sie auch Zahlen und Diagramme einbauen müssen, sollten Sie auch Ihr Tabellenkalkulationsprogramm kennen lernen und sinnvolle Tabellen und Diagramme mit ent-

sprechenden Verknüpfungen vorbereiten, anstatt stets alles neu einzugeben.

Dieses Standardisieren und Erstellen von Vorlagen können Sie vielleicht auch im Team erledigen: Wenn jedes Teammitglied einen entsprechenden Entwurf vorbereitet, profitiert jeder davon, wenn man sich auf die Endversionen geeinigt hat.

Nutzen Sie dieses Potenzial, um positiv aufzufallen: Wenn durch Ihre Initiative die Arbeit schneller und effektiver erledigt werden kann, kommt das sicher auch bei Ihren Vorgesetzten an. Details dazu finden Sie ab → Seite 105.

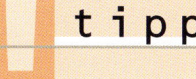

t i p p

Das Erstellen von Vorlagen etc. bedeutet Aufwand und kostet erst einmal Zeit. Es lohnt sich aber, weil Sie hinterher sehr viel Zeit und Aufwand sparen. Schieben Sie Aufgaben, die dazu dienen, Ihre Arbeit effizienter zu machen, nie mit dem Argument »keine Zeit« hinaus.

Lesefreundlichkeit ist das A und O

Natürlich ist der Inhalt eines Schriftstückes von zentraler Bedeutung. Eine wichtige Rolle spielt jedoch auch die Gestaltung: Denn sie beeinflusst nicht nur, wie ein Text beim Leser ankommt – sondern ist maßgeblich dafür verantwortlich, ob er überhaupt gelesen wird und wie viel beim anderen hängen bleibt.

Leserfreundliche Texte sind:
→ relevant und durchdacht
→ verständlich (Inhalt, Formulierungen)
→ gut lesbar(Schriftart, Schriftgröße)
→ orthografisch und grammatikalisch fehlerfrei
→ übersichtlich strukturiert und gegliedert

Zeitraubend und ärgerlich: Texte, die den Geboten der Lesefreundlichkeit nicht genügen.

→ sparsam mit Hervorhebungen (Fettungen, Unterstreichungen)

Kann man schreiben lernen? Ja. Manchen Menschen fällt es leichter, andere brauchen etwas länger. Ist es schlimm, wenn Ihnen Schreiben keinen Spaß macht? Jein: Um wirkungsvoll schreiben zu können, brauchen Sie zwar keine große Leidenschaft für Texte zu entwickeln, aber sich innerlich dagegen zu sträuben, ist auch nicht der richtige Weg. Nachfolgend erhalten Sie praktische Tipps, die Ihren Texten auf die Sprünge helfen.

Inhalte auf den Punkt bringen

Sagen Sie die relevanten Dinge und kommen Sie auf den Punkt. Wenn Sie den Leser mit unnötigen Informationen zuschütten oder ihm sonst das Lesen erschweren, schaden Sie sich und Ihrem Anliegen: Sie lenken von Ihren Themen ab, erschweren es dem Empfänger, wichtige Inhalte zu finden, und erwerben sich möglicherweise den Ruf eines Dampfplauderers.

Versuchen Sie nicht, wichtiger zu erscheinen, indem Sie ein Dokument unnötig aufblähen. Das kostet nicht nur Ihre Zeit – auch wenn Sie schnell schreiben – sondern auch die des Empfängers. Außerdem laufen Sie Gefahr, dass Ihr Bericht oder Protokoll überhaupt nicht oder nur oberflächlich gelesen wird.

Sofern es in Ihrem Unternehmen üblich und sogar erwünscht ist, Berichte möglichst umfangreich zu gestalten, besprechen Sie intern die Folgen für alle. Nutzen Sie Ihre Analyse von → Seite 98 für konkrete Verbesserungsvorschläge.

! tipp

Versuchen Sie nicht unbedingt, von vornherein alles perfekt zu formulieren und knapp, aber aussagekräftig aufs Papier zu bringen. Schreiben Sie im ersten Durchgang so, wie es Ihnen in den Sinn kommt. Sonst riskieren Sie, dass Sie unnötig lange brauchen oder sogar den Faden verlieren. Im zweiten Durchgang können Sie sich um das »Kurz und knackig« kümmern: Jedem Schriftstück tut es gut, wenn Sie es noch einmal mit dem Ziel durchlesen, Unnötiges zu streichen.

Verständlichkeit muss sein

Es ist ein Muss, dass der Empfänger immer versteht, worum es geht. Damit sind nicht nur die Formulierungen gemeint, sondern vor allen Dingen auch der Inhalt: Worum geht es in dem Brief, Bericht, Protokoll? Haben alle Empfänger den gleichen Wissensstand? Gegebenenfalls sollten Sie Entwicklungen noch einmal kurz zusammenfassen, um sicherzustellen, dass der Inhalt des Schreibens auch richtig eingeordnet werden kann. Vermeiden Sie Fremdworte und Fachjargon. Achten Sie auch auf geschicktes Formulieren. Und rücken Sie, wo es angebracht ist, Ihre eigene Leistung oder die Ihres Teams ins richtige Licht. Ungeschickt wäre es zum Beispiel, Nachteile so zu betonen, dass die Vorteile überschattet

werden. Angenommen, der Leiter einer Vertriebsabteilung schreibt seinen monatlichen Bericht an die Geschäftsführung. Sein Problem ist, dass im letzten Monat nur die Hälfte der Mannschaft anwesend war (Urlaubszeit und Grippewelle). Trotz widriger Umstände konnte ein ordentliches Umsatzergebnis erreicht werden – das jedoch unter dem budgetierten Umsatzziel liegt.
Formulierung A: »Leider haben wir nur 90 % des Umsatzzieles erreicht, weil nur die halbe Abteilung verfügbar war.«
Formulierung B: »Durch Krankheit und Urlaub war letzten Monat die Vertriebsmann-

! wichtig

Guter und leserfreundlicher Schreibstil

✔ Klar verständlich.

✔ Kurze Sätze statt Schachtelkonstruktionen (Tipp: Laut lesen. Wenn Ihnen die Luft ausgeht, ist der Satz zu lange.).

✔ Aktiv statt passiv (»wir konnten den Umsatz steigern« statt »der Umsatz konnte gesteigert werden«).

✔ Moderne Formulierungen statt veralteter Schreibweisen.

✔ An die Alltagssprache angelehnt (kein bemüht geschäftsmäßiger Ton).

schaft halbiert. Trotzdem gelang es uns, 90 % des budgetierten Umsatzes zu erreichen.« Natürlich ändert die Formulierung nichts an der Message: Hier wurde das Umsatzziel nicht erreicht. Dennoch gibt es große Unterschiede: Die erste Formulierung klingt nicht nur absolut negativ, sondern auch wie eine Rechtfertigung. Die zweite Version gibt denselben Inhalt wesentlich positiver wieder, wirkt selbstbewusst und zeigt, dass der Vertriebsleiter stolz auf seine Mannschaft und die gemeinsame Leistung ist.

Lesbarkeit ist wichtig

Wählen Sie eine gut lesbare Schrift. Exotische Varianten oder Schnörkel & Co. haben in beruflicher Korrespondenz nichts verloren. Nur ausnahmsweise sollten Sie Antworten oder Berichte handschriftlich abgeben. Insbesondere, wenn ein Kollege mit Ihren Notizen weiterarbeiten soll, kommt es oft zu Zeitverlust oder Fehlinterpretationen, weil nicht jede Handschrift gut lesbar ist.

Auch der Schriftgrad ist wichtig. Bei Computereinsatz sind 11 oder 12 Punkt für die meisten Schriftarten eine angenehme und gut lesbare Größe. Übrigens sollte die Lesefreundlichkeit auch für das so genannte Kleingedruckte gelten: Wer dem Empfänger zumutet, Texte mit der Lupe zu lesen, macht sich damit keine Freunde.

Keine Schreibfehler dulden!

Die gute Nachricht zuerst: Sehr viele Menschen fühlen sich unsicher, was Rechtschreibung und Grammatik betrifft. Auch in ihrer Muttersprache.

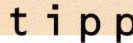

tipp

Wenn Sie Ihr Dokument auf elektronischem Weg weitergeben, achten Sie darauf, eine Standardschrift zu verwenden, bei der Sie sichergehen können, dass der Empfänger sie auch bei sich installiert hat (z. B. Arial, Times New Roman). Ansonsten wird die von Ihnen gewählte Schrift durch eine andere ersetzt und zerstört unter Umständen Ihr Layout.

Jetzt die schlechte: Wer nicht schreiben kann, wirkt leicht dumm oder nachlässig. Klingt hart? Ist aber so. Es geht nicht darum, ein Komma falsch zu setzen oder ein Wort falsch zu schreiben. Sondern es geht um wirklich schlechtes Deutsch. Je nachdem, wie es mit Ihrem schriftlichen Deutsch aussieht, ist Aktion angesagt: Wenn es wirklich sehr schlecht ist, bitte aufpolieren. Es gibt sehr gute Bücher und Seminare. Wenn Sie recht gut sind und Ihnen nur ab und zu Zweifel kommen, dann lassen Sie zumindest bei besonders wichtigen Schriftstücken und solchen, die an externe Empfänger gehen, jemanden Korrektur lesen. Viele Fehler entstehen übrigens aus Nachlässigkeit: mangelnder Konzentration, beispielsweise, weil man unterbrochen wurde, oder es handelt sich schlicht und ergreifend um Tippfehler. Machen Sie es sich zur Gewohnheit, Ihre Schriftstücke noch einmal durchzulesen, bevor Sie sie weitergeben.

Positiver Nebeneffekt: Vielleicht fällt Ihnen eine bessere Formulierung ein – oder Sie können noch etwas ergänzen, was Sie vergessen haben oder Ihnen im Nachhinein sinnvoll erscheint.

Sofern Sie in einer fremden Sprache korrespondieren müssen, sollten Sie sich ebenfalls Mühe geben, einwandfrei zu schreiben. Natürlich wird ein ausländischer Geschäftspartner nachsichtiger sein – wenn Ihre Dokumente allerdings sehr viele Fehler enthalten, lenken diese nicht nur vom Inhalt ab, sondern falsche Formulierungen können auch zu Missverständnissen führen.

Übersichtlich strukturieren

Wer seine Schriftstücke – vom einseitigen Brief bis hin zum 30-seitigen Manual – übersichtlich gliedert und sinnvoll aufbaut, stellt sicher, dass der Leser von Anfang an folgen kann und alle wichtigen Informationen gezielt findet.

Sofern Ihr Dokument aus mehreren Seiten besteht, hat es sich eingebürgert, auf Folgeseiten zu verweisen. Bei Briefen schreibt man beispielsweise drei Punkte an den unteren rechten Seitenrand – auf der Folgeseite oben steht dann die aktuelle Seitenzahl.

Auch mehrseitige Berichte sollten fortlaufend mit Seitenzahlen versehen werden. Hier können Sie die Seitenzahlen oben oder unten an beliebiger Stelle anbringen. Gegebenenfalls ist ein Inhaltsverzeichnis zu empfehlen: So findet man Informationen sofort – und kann sich nachher gezielt auf bestimmte Stellen beziehen. Je nachdem, wofür Ihr Schriftstück gedacht ist, können Sie die Lesefreundlichkeit auch erhöhen, indem Sie es heften, binden lassen oder bereits lochen.

Wenn Sie Texte per E-Mail verschicken, achten Sie bitte immer auf die Formatierung: Es muss dem Empfänger möglich sein, Anlagen problemlos auszudrucken. Es ist beispielsweise sehr ärgerlich, wenn die Seitenränder falsch gesetzt sind und es dadurch Druckprobleme gibt – oder wenn überzählige leere Seiten ausgespuckt werden, nur weil der Absender nicht sorgfältig genug war.

Den Worten Raum lassen

Knausern Sie nicht mit dem Platz. Gequetschtes Layout ist kontraproduktiv: Erstens ist es unansehnlich und kann sogar schlampig wirken, und zweitens ist es schwierig zu lesen. Freie Flächen und genug Abstand zum nächsten Punkt erleichtern es dem Leser, gedanklich zu folgen. Sofern das Schriftstück weiterbearbeitet werden soll, ist es außerdem wichtig,

tipp

Vermeiden Sie bei Papierdokumenten die Beschriftung der Rückseiten. Erstens ergibt sich hier optisch meist ein unschöner Effekt, weil die Schrift durchscheint. Zum anderen ist es leserfreundlicher, nur einseitig zu bedrucken. Positiver Nebeneffekt: Wenn Ihr Dokument vervielfältigt wird, geht auch das Kopieren schneller.

dass genügend Platz für Notizen bleibt. Sie erreichen das entweder durch großzügige Ränder oder auch durch einen vergrößerten Zeilenabstand.

Achten Sie stets auf einen ausreichend großen linken Rand: Bei Schriftstücken, die abgeheftet oder gebunden werden, verschwinden sonst Inhalte im Falz.

Hervorhebungen: weniger ist mehr

Hervorhebungen bedeuten immer eine Betonung in einem Text. Dementsprechend sollten sie möglichst sparsam eingesetzt werden. Generell gilt, dass die Formulierung stark genug sein sollte, auch ohne eine Hervorhebung auszukommen. Um einen Text zu betonen, stehen verschiedene Hilfsmittel zur Verfügung. Sie können wichtige Begriffe oder Passagen in Fett- oder Kursivschrift darstellen, unterstreichen, in Großbuchstaben schreiben oder farblich absetzen. Auch Schriftart und Schriftgröße lassen sich variieren, und der dosierte Einsatz von Ausrufezeichen sorgt ebenfalls für Aufmerksamkeit.

Umgewöhnen und üben, üben, üben

Haben Sie neue Anregungen erhalten? Möchten Sie sich etwas neu angewöhnen oder haben Sie herausgefunden, wo Sie noch Defizite haben? Dann heißt es üben. Sie werden sehen, dass sich viele der Tipps praktisch sofort umsetzen lassen.

Außerdem hilft: Viel lesen. Gerade, was Ihren Wortschatz , den Satzbau, eine flüssige Schreibe betrifft, können Sie sich durch das Lesen von Büchern und Artikeln viele Ideen holen

und Tipps abschauen. Voraussetzung ist natürlich, dass Sie bewusst lesen – also nicht nur auf die Inhalte achten, sondern auch auf Wortwahl und textliche Kriterien. Es ist übrigens egal, wie »hochwertig« Ihr Lesestoff ist. Sie müssen keine komplizierten Bücher lesen. Auch von Heftchenromanen können Sie lernen, zum Beispiel, wie man Sachverhalte auch mit kurzen Sätzen ausdrücken kann. Tauschen Sie sich außerdem mit Kollegen aus.

tipp

Auch wenn man es häufig sieht: Völlig verzichten sollten Sie auf komplett in Großbuchstaben gesetzte längere Textpassagen, WEIL SIE FÜR DAS AUGE SEHR SCHLECHT LESBAR SIND. Auch helle Schrift auf dunklem Hintergrund ist nicht sehr leserfreundlich.

Lassen Sie sich Feedback zu Ihren Texten geben: Was ist gut, was ist weniger gut? Wie könnten Sie es besser machen? Vergleichen Sie untereinander.

Schließlich gibt es weiterführende Literatur, speziell zum Thema Schreiben. Und natürlich können Sie sich auch in Form von Trainings oder einem Coaching um Ihren textlichen Feinschliff kümmern.

→ **interview**

Also, ich hab mir angewöhnt, auch im Job klare Grenzen zu ziehen. Wenn ich mich übernehme, hat keiner was davon, auch mein Chef nicht. Außerdem belohne ich mich selbst, wenn mir was besonders gut gelingt. Je nachdem, was es ist, fällt meine Belohnung größer oder kleiner aus. Manchmal gibt's einen dicken Eisbecher, ein andermal geh´ ich neue Klamotten kaufen. Das sind meine kleinen Highlights!

TUE GUTES UND REDE DARÜBER

In jedem Unternehmen sind die Aufgabengebiete verteilt. Und niemand – weder Ihre Kollegen noch Ihr Chef oder Ihre Geschäftspartner – weiß im Einzelnen, was Sie tun und wie Sie es tun. Das ginge auch gar nicht, denn es würde bedeuten, dass man sich gegenseitig acht oder mehr Stunden über die Schulter schauen müsste. Zusätzlich zu den vielen Aspekten, die zu beachten sind, wenn Sie positiv wirken und andere überzeugen wollen, ist es wichtig, dass Sie auch ganz konkret über Ihre Erfolge informieren. Mal subtiler, mal auffälliger. Mal reaktiv, mal aktiv. In jedem Fall aber klar und deutlich.

Erfolge bemerken, feiern und erinnern

Auf den ersten Blick banal erscheint die Information, dass man nur bekannt machen kann, was man auch selbst kennt. Tatsache ist, dass viele Menschen ihre eigenen Erfolge nicht sehen oder eine so hohe Messlatte haben, dass sie ihren eigenen Ansprüchen nie gerecht werden. Das führt dann natürlich dazu, dass es nichts zu bemerken, zu feiern oder zu erinnern gibt. Im schlimmsten Fall kommt es sogar dazu, dass die Erinnerung das Gefühl des Scheiterns mit sich bringt, denn eigentlich hätte man es ja noch viel besser machen können. Fangen Sie einfach ganz von vorne an:

→ aufgabe

Denken Sie in Ruhe über diese Fragen nach und notieren Sie sich alles, was Ihnen dazu einfällt.

✔ Wie definieren Sie für sich Erfolg?

✔ Was ist Erfolg im Leben?

✔ Wann sind Sie erfolgreich im Beruf?

✔ Wie beschreiben Sie Erfolg für Ihren direkten Arbeitsbereich?

✔ Und wann sind Sie erfolgreich, wenn es um einzelne Projekte, Eigenschaften oder Fähigkeiten geht?

Stolz auf sich sein (dürfen)

»Eigenlob stinkt!«, »Sei sittsam, bescheiden und rein – nicht wie die stolze Rose, die immer bewundert will sein.« Bereits als Kind wird man mit solchen Sprüchen konfrontiert. Kein Wunder, dass es Erwachsenen entsprechend schwer fällt, stolz auf sich zu sein. Man könnte ja als Angeber gelten. Und das möchte man nicht. Dann mag einen vielleicht niemand mehr.

Keine Sorge: Natürlich dürfen Sie stolz auf sich sein! Ob es sich um ein Talent für eine bestimmte Tätigkeit handelt oder eine positive persönliche Eigenschaft: Lernen Sie, sich selbst anzuerkennen. Die Bestandsaufnahme im Kapitel 2 hilft Ihnen dabei.

Ihre eigene Messlatte sollte realistisch sein – weder zu lax, noch zu streng.

Realistische Ziele setzen

In diesem Zusammenhang ist es natürlich wichtig, dass die Ziele realistisch sind. Wer sich übernimmt, was Arbeitsbelastung oder Zeitpläne betrifft, kann nur unter seinen Möglichkeiten bleiben – oder in irgendeiner Weise scheitern.

Achten Sie darauf, dass Ihre Pläne konkret sind und setzen Sie sich Zwischenziele. Damit sehen Sie nicht nur Ihre Fortschritte, sondern erhalten Ihre Motivation am Projekt aufrecht. Außerdem können Sie die Zwischenerfolge gezielt weitergeben. Wenn Sie zu den Leuten gehören, die sich immer nur auf das konzentrieren, was sie noch nicht erreicht haben oder wo sie Fehler gemacht oder falsche Entscheidungen getroffen haben, dann heißt es schleunigst, das Ruder herumzureißen.

Zum einen ist die Vergangenheit nicht mehr zu ändern. Sofern es tatsächlich etwas gibt, was Sie im Nachhinein anders oder besser machen würden, sollten Sie sich klar machen: Zum damaligen Zeitpunkt entsprach die Entscheidung, die Sie getroffen haben, Ihren Möglichkeiten oder Gedanken. Sich immer wieder in einer vermeintlichen Versager-situation zu sehen, ändert nichts – außer dass Sie das Erlebnis konservieren und sich immer wieder aufs Neue schlecht und klein fühlen.

Ganz direkt gesagt: Get over it. Akzeptieren Sie die Vergangenheit, lernen Sie für künftige Situationen daraus. Aber quälen Sie sich nicht permanent.

tipp

Kaufen Sie sich ein kleines Heft und schreiben Sie alles Positive auf: Wenn Ihnen etwas besonders gut gelingt oder wenn Sie auf etwas besonders stolz sind – notieren Sie es sofort. Schreiben Sie außerdem hinein, wenn Sie Komplimente erhalten haben. Auf diese Weise erhalten Sie mit der Zeit eine Sammlung, die Auskunft gibt über alle Ihre Erfolge und da-rüber, worauf Sie mit Recht stolz sein können.

Das hilft auf Kurs zu bleiben – und schwierige Phasen zu überstehen.

Wie gehen Sie mit Lob um?

Freuen Sie sich aufrichtig? Bedanken Sie sich für Lob oder ist es Ihnen irgendwie peinlich? Spielen Sie es vielleicht sogar herunter? Auch dieser Aspekt hat vielschichtige Konse-quenzen: Angenommen, Sie können mit Lob nicht so recht umgehen und Ihr Chef sagt im Meeting: »Durch das Engagement von X haben wir hervorragende Konditionen für einen Großauftrag mit dem Kunden Y erhal-ten.« Sie werden rot, erst recht, weil jetzt alle Blicke auf Sie gerichtet sind, und hören sich sagen: »Ach, das war eigentlich gar nicht so schwierig. Der Kunde wollte ja unbedingt was mit uns machen.« Innerlich sind Sie entsetzt. Sie haben sich in diese Sache extrem rein-gehängt und überzeugend verhandelt. Nur weil Sie mit der Aufmerksamkeit nicht zu-rechtkommen, spielen Sie automatisch alles herunter. Lernen Sie also, mit Lob umzugehen!

Freuen Sie sich – für andere und mit anderen!

Es gibt nichts Schöneres, als seine Freude mit anderen zu teilen. Wer sich aufrichtig für und mit anderen über deren Erfolge freut, tut sich – ganz nebenbei – selbst etwas Gutes: Die Umwelt schätzt die Anteilnahme, das Lob und die Freude. Und umgekehrt hat man auch ein euphorisches Publikum.

Die Betonung liegt aber auf »aufrichtig«. Glauben Sie nicht, Sie könnten eine oberfläch-liche Taktik daraus machen. Abgesehen davon, dass man es merkt, ist es auch schlechter Stil.

aufgabe

Führen Sie sich vor Augen, was Sie mit Lob verbinden: Freuen Sie sich oder ist es Ihnen eher peinlich? Wie reagieren Sie körperlich (rot werden, Herzklopfen, ...)? Was erwidern Sie: Spielen Sie die Sache herunter, weil sie Ihnen unangenehm ist? Schreiben Sie alles auf, was Ihnen zu dem Thema in den Sinn kommt.

Da Sie sich vermutlich zum ersten Mal ausführlich damit beschäftigen, werden Sie sich wundern, was da alles zum Vorschein kommt. Die gute Nachricht: Wenn Sie wissen, womit Sie es zu tun haben, können Sie gezielt daran arbeiten.

Innerhalb Ihres Büros, Ihrer Abteilung oder im gesamten Unternehmen lässt sich so eine »Kultur des Erfolgefeierns« etablieren. Das macht nicht nur die Zusammenarbeit angenehmer, sondern gibt auch den Kick für weitere Projekte.

Belohnen Sie sich!

Sich für eine gute Leistung zu belohnen, ist eine wunderbare Angewohnheit. Wie Ihre Kriterien dabei aussehen, ist vollkommen Ihre Sache. Es geht nicht darum, nur außergewöhnlich komplexe und große Leistungen zu belohnen. Vielleicht haben Sie es sich zum Ziel gesetzt, bei den nächsten anerkennenden Worten eines Kollegen einfach erfreut »Danke!« zu sagen, vielleicht sogar gefolgt von einem aufrichtigen »Ich freu mich auch drüber!« oder »Ich bin selbst ganz stolz darauf!«, anstatt, wie bisher, verlegen zu werden und die Sache herunterzuspielen.

Belohnen Sie sich, wenn Ihnen das zum ersten Mal gelingt!

Achten Sie nur darauf, dass die Belohnungen im Rahmen bleiben und Sie sich nicht inflationär für alles, was Sie tun, selbst beschenken.

Positive Nebeneffekte

Wer sich seiner Erfolge bewusst ist und sich selbst auch Anerkennung zollt, profitiert von einer Fülle weiterer Vorteile:
→ Ihre Motivation steigt.
→ Sie können sich besser einschätzen, aktiv und gezielt weiterentwickeln.
→ Ihre Fortschritte werden sichtbar.
→ Sie können sich besser verkaufen.
→ Ihr Zutrauen in die eigenen Fähigkeiten und Möglichkeiten steigt.

Resultate bekannt machen und Punkte sammeln

Wie macht man denn nun ganz deutlich und pro-aktiv seine Resultate bekannt? Bei der Antwort helfen vier Grundsätze:
1. Informieren Sie in angemessener Form und nicht inflationär.
2. Nutzen Sie Gelegenheiten oder schaffen Sie sie.

3. Wählen Sie das richtige Publikum und den richtigen Weg.

4. Beschreiben Sie Ihre Erfolge sachlich, aussagekräftig und durchaus ein wenig »werblich«. Denken Sie daran, dass jeder Mensch unterschiedlich ist. Nutzen Sie die nachfolgenden Tipps und setzen Sie sie für sich so um, dass es Ihrer Persönlichkeit entspricht. Versuchen Sie niemals, jemand anderer zu sein: Wenn Sie eher zurückhaltend sind, wäre es verkehrt, sich extrovertiert zu geben. Freuen Sie sich über jeden Fortschritt. Sie werden sehen, dass vieles, was am Anfang ungewohnt erscheint, schnell zur Gewohnheit wird, über die Sie gar nicht mehr groß nachzudenken brauchen.

E-Mail for you – der Einsatz hat sich gelohnt.

Angemessen und nicht inflationär

Angemessen bedeutet nicht, dass nur riesengroße oder komplexe Resultate es wert sind, weitergegeben zu werden. Im Gegenteil: Häufig sind es die Kleinigkeiten, die große Ergebnisse und Vorteile mit sich bringen. Werten Sie Ihre Resultate also nicht nur danach, wie viel Arbeit Sie hatten oder wie schwierig eine Aufgabe war, sondern behalten Sie immer auch das Ergebnis im Auge.

Zwei Beispiele: Ein Mitarbeiter wird – zusätzlich zu seinen eigentlichen Aufgaben – für ein internationales Projekt eingesetzt, das innerhalb eines Jahres die Arbeitsabläufe des Konzerns vereinfachen soll. Der Mitarbeiter beweist in diesem Jahr, dass er der Doppelbelastung gewachsen ist, zeigt Engagement und bringt zudem eine Fülle praktikabler Ideen ein.

In einem Lager wird der Platz zu eng. Man braucht dringend mehr Stauraum, es besteht jedoch keine Möglichkeit, weitere Möbel unterzubringen. Ein Mitarbeiter hat die Idee, tiefere Regale anzuschaffen. Die Idee an sich ist banal – der Effekt ist groß.

Bitte geben Sie Ihre Erfolge auch nicht inflationär nach außen: Wenn Sie jede Kleinigkeit melden, fallen Sie schnell unangenehm auf. Nebenbei beweisen Sie damit, dass Sie keinen Blick für Wichtiges und Unwichtiges haben.

Gelegenheiten nutzen und schaffen

Es gibt zahlreiche Anlässe, um von Ihren Erfolgen zu berichten: Ob in formellen Mitarbeitergesprächen, bei Besprechungen oder in Zweiergesprächen – Sie können, abgestimmt auf Gesprächspartner und Thema, Ihre Leistungen erwähnen.

Außerdem lassen sich natürlich die Gelegenheiten aktiv schaffen: Bitten Sie Ihren Vorgesetzten um ein Gespräch – sei es, weil Sie ohnehin etwas erreichen möchten (zum Bei-

spiel eine Gehaltserhöhung oder eine Zusatz-
aufgabe) oder um Feedback zu erhalten, wie
Ihr Chef Sie sieht und wie zufrieden er mit
Ihrer Arbeit ist.
Bereiten Sie sich auf die Gespräche immer gut
vor. Und hören Sie genau zu. Sofern es Kri-
tikpunkte gibt, haken Sie aktiv nach, damit Sie
Defizite verbessern können (→ Seite 65ff.).

Das richtige Publikum und den richtigen Weg wählen

Wenn Sie nur Ihrem Kollegen gegenüber
erwähnen, was gut gelaufen ist, freut ihn das
vielleicht – aber mehr bringt es Ihnen nicht.
Sie sollten schon darauf achten, dass auch die
wichtigen Leute mitbekommen, was Sie leisten. Damit sind durchaus nicht nur Vorgesetzte gemeint.
Oft setzen Mitarbeiter Himmel und Hölle in
Bewegung, um für einen Kunden etwas zu

| *Ganz wichtig: Erfolg genießen lernen.*

erreichen: Beispielsweise eine knappe Deadline einzuhalten oder einen Sonderservice zu
ermöglichen, den es normalerweise nicht gibt.
Doch dem Kunden gegenüber machen sie das
nicht deutlich, sondern tun so, als ob es das
Normalste auf der Welt wäre – und stellen so
das eigene Licht unter den Scheffel.
Das richtige Publikum sind also vor allen Dingen die Menschen, die von Ihrem Resultat
profitieren.
Natürlich sollten Sie auch Ihre Vorgesetzten
nicht vergessen. Denn sie sind in der Position,
Sie bei neuen Projekten zu berücksichtigen, zu
befördern, Ihr Gehalt zu erhöhen oder Ihnen
einfach noch mehr Vertrauen entgegenzubrin-
gen und Freiraum zu geben.

Sachlich, aussagekräftig, »werblich«

Gewöhnen Sie es sich an, gut über sich selbst
zu sprechen, das ist die Grundlage. Damit ist
keine wilde Angeberei gemeint, sondern das
Selbst-bewusst-sein und die innere Sicherheit,
dass Sie etwas gut gemacht haben, sowie der
berechtigte Stolz darauf. Wenn Sie sich damit
unwohl fühlen, sollten Sie es üben. Sonst wirken Sie – unabhängig vom Inhalt – unsicher,
was dazu führen kann, dass man Ihnen Ihre
Worte nicht recht abnimmt (→ Seite 57).
Sie müssen sich nicht immer selbst in den
Vordergrund rücken. Es kommt gut an,
Details und Ergebnisse ruhig auf die Sache
bezogen zu präsentieren.

Ein Beispiel:
»Wir haben ein Training für neue Mitarbeiter eingeführt: Bevor sie einen eigenen Aufga-

tipp

Klappern gehört zum Handwerk

Es stehen Ihnen verschiedene Wege offen, über die Sie Ihre Resultate bekannt machen können:

✔ **Schriftlich**
In Form von Berichten, Memos, E-Mails. Achten Sie darauf, dass immer das Projekt im Vordergrund steht und Sie dennoch Ihren Anteil aktiv erwähnen können.

✔ **Mündlich**
Bei Projekt-Zwischenstands-Besprechungen, in Meetings, in Zweiergesprächen – per Telefon oder persönlich. Bereiten Sie sich gut auf die Gespräche vor, Unterlagen mit Details sollten griffbereit sein.

✔ **Durch Informationen in Ihrem Büro**
Bei Projekten kann zum Beispiel eine Übersicht an der Wand hängen, aus der Zeitplan und Fortschritte hervorgehen.

benbereich übernehmen, bekommen neue Leute nun ein zweiwöchiges theoretisches Training. Danach arbeiten sie eine Woche bei einem erfahrenen Mitarbeiter mit. Dadurch bekommen wir neue Mitarbeiter schneller fit.«
Diese Formulierung ist eher negativ, weil der Verdienst des Mitarbeiters überhaupt nicht klar wird.

»Ich hatte die Idee, dass man neue Mitarbeiter trainieren sollte, bevor sie einen eigenen Aufgabenbereich übernehmen: Die ersten beiden Wochen bekommen neue Leute nun ein theoretisches Training von mir. Danach arbeiten sie eine Woche bei einem erfahrenen Mitarbeiter mit. Dadurch gelang es mir, neue Mitarbeiter schneller fit zu bekommen.«
Diese Formulierung ist deswegen besser, weil sie die Initiative des Mitarbeiters hervorhebt. Sie wirkt trotzdem nicht positiv, weil sie extrem ich-bezogen ist und nicht auf die Vorteile für das Unternehmen eingeht.

»Meine Idee, neue Mitarbeiter zu trainieren, bevor sie ihren eigenen Aufgabenbereich übernehmen, wurde erfolgreich umgesetzt: Neue Leute erhalten ein zweiwöchiges theoretisches Training. Dadurch wird sichergestellt, dass sie die internen Abläufe kennen und sich mit den wichtigsten Projekten vertraut machen. Anschließend arbeiten sie für eine Woche zusammen mit einem erfahrenen Mitarbeiter (»training on the job«). Unsere ersten Erfahrungen mit diesem Konzept sind durchweg positiv: Die Mitarbeiter sind schneller fit und die Quote der »Anfängerfehler« ist stark gesunken. Gerne vermittle ich die Details des Konzeptes auch anderen Abteilungen.«

Diese letzte Formulierung wird beiden Aspekten gerecht: Es wird nicht nur unmissverständlich klargestellt, wer der Urheber der Idee war sondern vor allen Dingen auch, wie weit reichend die positiven Auswirkungen für die Firma sind.

→ **a u f g a b e**

Für Ihre Vorbereitung

✔ Schreiben Sie die Ergebnisse, die Sie kommunizieren wollen, auf ein Blatt Papier. Gehen Sie auch auf Unterpunkte der Idee oder des Projektes ein.

✔ Benennen Sie konkret alle Vorteile dieser Ergebnisse: die positiven Auswirkungen auf die Arbeit und das Unternehmen (hier lohnt es sich genauer nachzudenken – es gibt immer zusätzliche Konsequenzen).

✔ Überlegen Sie sich jetzt, was genau Sie zu diesem Erfolg beigetragen haben: Waren Sie Urheber der Idee, Leiter oder Mitarbeiter des Projekts: Was war Ihr Beitrag? Welche persönlichen Eigenschaften oder Fähigkeiten waren wichtig für das Projekt?

Was die Firma davon hat

Ja, auch das ist ein Aspekt, den Sie sich nicht nur selbst vor Augen halten sollten, sondern der sich sehr positiv für Ihr Selbst-Marketing auswirkt: Ihr Blick für das Ganze – der Sinn für die Zusammenhänge. Das gilt sowohl für neue Projekte als auch für Ihre Ideen. Selbst wenn es sich auf den ersten Blick um Banalitäten handelt. Das Beispiel mit dem Einlernprogramm hat das bereits deutlich gezeigt: Das Offensichtliche ist »neue Mitarbeiter werden schneller fit«. Doch was das im Einzelnen bedeutet, ist nicht jedem sofort klar. Und was einem nicht klar ist, kann man in seiner ganzen Tragweite auch nicht gut einschätzen. Wenn Sie dies jedoch näher aufschlüsseln, kann auch jemand, der mit den Gegebenheiten in Ihrer Abteilung nicht vertraut ist, alle Vorteile Ihrer Idee erkennen. Damit werden umfassende Auswirkungen und zusätzlicher Nutzen erst richtig deutlich – und Sie können sehr viel mehr Pluspunkte auf Ihrem Ansehens- und Engagementkonto verbuchen.

Dieser Blick nützt Ihnen auch selbst, denn als Urheber einer Idee ist man sich ebenfalls nicht immer über alles sofort im Klaren und kann vom Näher-Hinschauen nur profitieren. Deshalb lohnt es sich, immer zu fragen: Welchen Zusatznutzen können wir hier einbauen? Egal ob es darum geht, ein hilfreiches Formular zu kreieren oder ein komplexes Projekt wie die Einführung eines neuen Produktes zu leiten: Immer gibt es Möglichkeiten, noch mehr rauszuholen. Man muss sich nur darauf einlassen und gezielt darüber nachdenken.

Lohnende Projektarbeit

Keine Frage, es gibt solche und solche Projekte: Strategisch wichtige und Nebenbei-Projekte. Arbeitsgruppen, die zwar ganz nett sind, aber nicht wirklich entscheidend. Natürlich lässt sich pauschal keine Empfehlung geben, wie ein Projekt beschaffen sein muss, damit sich die Teilnahme lohnt. Das hängt sowohl vom Unternehmen, dem Projektthema, den Teilnehmern als auch davon ab, was Sie selbst erwarten bzw. lernen können.

Der »Lohn« einer Teilnahme kann sein

→ Ein besserer Kontakt zu Kollegen und zwischen den Abteilungen.

→ Die Erfahrung, ein thematisch wichtiges Ergebnis zu erarbeiten (eigener Bereich, Abteilung, ganze Firma).

→ Ein persönlicher Lerneffekt: fachlich oder schlichtweg die Erfahrung, an einem Projekt teilzunehmen oder es gar zu leiten.

→ Ein wenig Abwechslung zur Ihrer eigentlichen Arbeit.

| *Beim Teamwork profitieren alle: Gemeinsam geht vieles leichter.*

→ Die Möglichkeit, sich zu profilieren.
→ Strategische Schritte für das Unternehmen mitzugestalten.
→ Aktiv Ideen und Meinungen einzubringen.

Wenn Ihnen kein Aspekt an einem Projekt auffällt, von dem Sie einen Vorteil haben, schauen Sie genau hin, bevor Sie sich entscheiden. Manchmal erweist sich eine Arbeitsgruppe als Arbeitsbeschaffungs-Maßnahme oder sie wird gebildet, um vordergründig Aktivität zu zeigen – obwohl klar ist, dass niemand wirklich an dem Ergebnis interessiert sein wird. In solchen Fällen bürden Sie sich nur unnötig Arbeit auf.

Nicht immer ist die Teilnahme an einem Projekt freiwillig. Wenn Sie auserkoren sind, sich an einer Arbeitsgruppe zu beteiligen, dann machen Sie das Beste daraus. Im eigenen Interesse und im Sinne Ihrer Selbst-PR. Wenn Sie schimpfend und fluchend eine Anti-Haltung beziehen, fällt das negativ auf Sie zurück. Und Sie tun sich keinen Gefallen, weil Sie Fortschritte blockieren und das Klima stören.

Übernehmen Sie sich nicht

Da ist sie wieder, die alte Frage: Wo zieht man die Grenze? Darf man überhaupt mal »nein« sagen im Job? Oder ist man dann gleich unten durch? Sie dürfen nicht nur, Sie sollen und müssen sogar. In Ihrem Unternehmen sind Sie für einen bestimmten Aufgabenbereich eingestellt worden und werden dafür bezahlt, diesen gut zu betreuen und die damit verbundenen Tätigkeiten zu erledigen. Das ist Ihr Fokus. Und muss es auch bleiben. Wer sich in Projekten verzettelt, verliert nicht nur schnell

die Energie und Lust am Beruf, sondern riskiert, dass die Arbeitsqualität leidet. Von gesundheitlichen Konsequenzen ganz zu schweigen. Auch Ihr Image im Unternehmen kann sehr schnell Schaden nehmen: Oder wollen Sie als der Überaktive gelten, der nichts richtig auf die Reihe bringt? Der immer überarbeitet zu sein scheint? Der seine Energien überall reinsteckt, nur nicht in seinen eigenen Bereich?

Wer sich beruflich übernimmt, wird schnell unleidlich. Dazu kann außerdem ein Versagensgefühl kommen: »Mir wächst alles über den Kopf.«

Qualität statt Quantität ist deshalb gefragt. Wie bereits betont, ist es wichtig, dass Sie nicht

tipp

Natürlich kann es sein, dass Sie trotz Zeitknappheit gerne an genau diesem Projekt teilnehmen möchten oder dass es allgemein einfach sinnvoll wäre, wenn Ihr Know-how zur Verfügung stünde. Auch dann ist es wichtig, klarzulegen, wie Ihre momentane Situation aussieht. Idealerweise kombinieren Sie dies mit einem Lösungsvorschlag: das Verschieben einer anderen Deadline, das Delegieren eines anderen Projektes etc.

spontan die Hand heben, wenn das Wort »Projekt« fällt. Zeigen Sie sich interessiert, holen Sie nähere Informationen zu Art, Inhalt, Zeitplan, Zielen des Projektes ein. Und natürlich auch zu den voraussichtlichen Projektteilnehmern.

Bitten Sie um etwas Zeit, um sich mit dem Thema auseinander zu setzen. Wenn eine sofortige Entscheidung gefragt ist, schlagen Sie zumindest zehn Minuten raus, in denen Sie an einem ruhigen Platz realistisch Ihre aktuellen Aufgaben durchgehen und abwägen, ob und in welchem Maße eine Beteiligung an einem Projekt möglich ist. Es ist wichtig, dass Sie realistisch Prioritäten setzen.

Sie wollen nein sagen? Sofern Sie Ihr »Nein« gut begründen können und auch auf etwaige Auswirkungen in Ihrem Arbeitsbereich hinweisen, ist eine Absage sogar positiv. Denn sie zeigt, dass Sie vorausschauend denken und nicht nur auf sich selbst bedacht sind.

Teilen und delegieren lernen

Mit dem Delegieren haben die meisten Menschen Schwierigkeiten. Insbesondere wenn sie es gewohnt sind, alles selbst zu machen. Wer in Projekten aktiv sein möchte, muss jedoch lernen, Aufgaben an andere zu übertragen: Das beginnt beim »Wie«, also der richtigen Weitergabe von Informationen und dem Sicherstellen, dass der andere alles verstanden hat, und hört bei der Erkenntnis nicht auf, dass der eigene Weg nicht der einzige und auch nicht immer der beste ist.

Innerhalb eines einzelnen Projektes kommt dazu, dass man sich auch mit einer Randrolle zufrieden geben kann: Es muss nicht immer der Projektleiter sein, der zu fachlichen Fragen auch noch das Management und die Verwaltung der Arbeitsgruppe am Hals hat.

Holen Sie sich gute Leute mit ins Boot: für das aktuelle Projekt oder für andere Aufgaben Ihres beruflichen Alltags. Das ist nicht nur gut für Sie, weil sich die Arbeitslast und der Druck entzerren. Sie geben außerdem einen Teil der Verantwortung an Kollegen ab und Wissen weiter. Gleichzeitig zeigen Sie im Unternehmen, dass Sie Ihre Tätigkeiten verantwortungsbewusst handhaben und sich um die Weiterentwicklung der Kollegen kümmern.

wichtig

Delegieren heißt nicht, dass Sie einfach, wie es Ihnen beliebt, Ihre eigene Arbeit einem Kollegen aufdrücken. Es sollte klar sein, dass Sie nicht unter dem Deckmäntelchen des Delegierens irgendwelche Hilfs-Jobs weiterschieben. Wer delegiert, hat die volle Verantwortung dafür, dass die Arbeit gut erledigt wird, und muss, gerade wenn der Kollege noch Neuling auf dem Gebiet ist, diesen auch bei der Hand nehmen und betreuen. Wer darauf mit dem Satz »Dann kann ich es ja gleich selbst machen« reagiert, versagt sich die Früchte, die erfolgreiches Delegieren mit sich bringt. Denn die Investition lohnt sich.

Realistische Zeitplanung

Eine gute Zeitplanung ist das A und O, wenn es um Projekte geht. Wer sich auf zu enge Terminvorgaben einlässt, kommt entweder massiv in die Bredouille oder läuft Gefahr, dass die Ergebnisse zum Teil empfindlich leiden. Zu langwierige Projekte oder gar welche, die überhaupt keinem Zeitplan unterliegen, verlaufen erfahrungsgemäß häufig im Sande, man verliert das Ziel aus den Augen und der Einsatz verpufft.

Legen Sie deshalb immer Wert auf eine straffe, aber realistische Zeitplanung – und beziehen Sie dabei unbedingt auch Ihr Tagesgeschäft mit ein.

Sofern Ihnen eine feste Deadline gesetzt wird, prüfen Sie, ob die Vorgabe realistisch ist. Wenn nicht: Sagen Sie gleich und konkret, weshalb dieser Zeitplan nicht funktioniert. Damit dadurch kein negativer Eindruck entsteht, nennen Sie am besten die Teilbereiche des Projektes, die innerhalb des gewünschten Zeitrahmens zu schaffen sind.

Sich nie Hals über Kopf in die Arbeit stürzen!

Bevor Sie sich an die Arbeit machen, sollten Sie und Ihre Projektkollegen sich erst einmal konkret mit den Inhalten beschäftigen: Was genau ist die Frage- oder Problemstellung? Gehen Sie dann an die Verteilung der einzelnen Teilbereiche: Verteilen Sie Aufgaben entweder nach Zeit, nach Fachwissen oder nach Aktionsbereichen – immer jedoch mit Blick auf Ihre Deadline. So vermeiden Sie blinden Aktionismus und überflüssige Hektik.

Beweisen Sie Weitblick in eigener Sache

Behalten Sie immer Ihre eigentlichen Ziele im Auge. Sie haben sich diesen Ratgeber für bessere Selbst-PR ja nicht von ungefähr zugelegt. Ob Sie mehr Anerkennung im Beruf anstreben, eine neue Position ansteuern oder eine Gehaltserhöhung möchten: Stellen Sie Ihre Ziele immer in den Mittelpunkt. Und nennen Sie sie rechtzeitig und konkret beim Namen. Wer sich innerhalb seines Unternehmens verändern möchte, muss sein Interesse auch kundtun. Wenn Sie eine Führungsposition anstreben, sollten Sie das ruhig heute schon sagen! Finden Sie gemeinsam mit Ihrem Vorgesetzten heraus, was Sie tun können, um sich in diese Richtung weiterzuentwickeln. Sobald sich die Chance auf eine Beförderung ergibt, wird man nicht nur an Sie denken, sondern Sie sind dann auch bereits vorbereitet. Auch wenn Sie das Gefühl haben, sich in Ihrer Firma nicht weiterentwickeln zu können, lohnt es sich, das Gespräch zu suchen. Leider geben die meisten Leute ihrem Arbeitgeber nicht die Möglichkeit, neue Perspektiven zu finden und damit den Mitarbeiter zu halten. Dadurch kommt es vielfach zu Kündigungen, obwohl der Einzelne sich »eigentlich« in der Firma wohl fühlt.

Machen Sie sich Gedanken über Ihre Karriere, setzen Sie sich realistische Ziele und geben Sie diese deutlich weiter. Dann betreiben Sie nicht nur gute Selbst-PR, sondern bewegen sich auch geradlinig auf Ihre Ziele zu.

Wir wünschen Ihnen viel Erfolg beim Erreichen Ihrer Ziele!

service

Selbst-Test: Wie gut ist Ihr Ich-Marketing?

Bitte wählen Sie jeweils die Antwortvariante, die Ihnen am besten entspricht und ermitteln Sie anhand der Tabelle welcher Typ Sie sind. Die Auflösung finden Sie auf Seite 120.

1. **Ihre Firma initiiert ein interessantes Projekt. Die Stelle des Projektleiters ist frei, Sie sind sich jedoch nicht sicher, ob Sie qualifiziert genug dafür sind.**

A) Wie? Ich bin nicht sicher, ob ich qualifiziert genug bin? Natürlich kann ich das – und melde mich sofort auch ohne Detailkenntnisse. Ich bin ja lange genug dabei, so schwer kann das nicht sein.

B) Ich glaube schon, dass ich das packen kann, halte mich aber lieber zurück, bis mich jemand fragt, ob ich möchte.

C) Ich informiere mich erst einmal über die Anforderungen und verschaffe mir ein genaueres Bild. Bei den Punkten, an denen ich zweifle, suche ich das Gespräch mit meinem Chef. Dann sehen wir weiter.

D) Ein Projekt selbst leiten. Lieber nicht. Da muss man viel mehr können als ich.

2. **Sie haben eine neue Kollegin, die Sie noch nicht einschätzen können – ist sie vertrauenswürdig und kollegial oder wird sie vielleicht Ihre Ideen klauen?**

A) Ich gehe grundsätzlich vom Guten in Menschen aus und unterstütze sie natürlich nach Kräften.

B) Ich bin offen und hilfsbereit, beobachte aber auch aufmerksam, wie sie sich verhält. Für Details ist ja später noch Zeit.

C) Auf die Idee, dass es Leute gibt, die Ideen klauen, bin ich noch gar nicht gekommen. Da wüsste ich auch gar nicht, was ich tun sollte.

D) Das lässt sich leicht testen. Ich gebe ihr ein paar weniger relevante Infos und tue so, als wären sie wichtig. Und dann sehen wir erstmal, was passiert.

auswertung

Frage/Typ	I	II	III	IV
1	a	c	b	d
2	d	a	b	c
3	c	d	a	b
4	a	b	d	c
5	d	c	b	a
6	b	a	c	d
7	c	d	a	b
8	a	d	c	b
9	b	c	a	d
10	c	b	d	a

3. **Sie sitzen in einer Teambesprechung. Immer, wenn jemand eine Idee vorbringt, rollen ein paar Kollegen mit den Augen und finden das Haar in der Suppe. Was tun Sie?**

A) Es ärgert mich sehr. Wenn ich gut drauf bin, spreche ich es konstruktiv an und frage freundlich nach. Es kann aber auch passieren, dass ich ausraste und den unhöflichen Kollegen verbal eine vor den Latz knalle.

B) Furchtbar! Da halte ich lieber meinen Mund. Hoffentlich fragt mich niemand etwas.

C) Ich bin rhetorisch recht gut und weise die ewigen Kritiker laut und entschieden in ihre Schranken.

D) So ein Verhalten finde ich destruktiv. Ich spreche es allgemein während des Termins an, weise auf mögliche Konsequenzen hin – und wir besprechen gemeinsam, wie es besser geht.

4. **Ein Kollege weist Sie auf einen Fehler hin. Er hat ein Gespräch unter vier Augen mit Ihnen gesucht und erklärt freundlich, was nicht richtig war und welche Konsequenzen der Fehler hat. Wie reagieren Sie?**

A) Das halte ich biblisch: »Warum siehst du den Splitter im Auge deines Bruders, aber den Balken in deinem eigenen Auge bemerkst du nicht?«

B) Ich bedanke mich bei ihm. Gut, dass mich einer darauf hinweist. Nur so kann ich mich verbessern.

C) Dass mir das passiert ist! Ich entschuldige mich mehrmals. Das Ganze verfolgt mich noch lange.

D) Es ist schon gut, dass mir der Kollege den Fehler sagt. Aber so richtig locker damit umgehen kann ich nicht. Momentan kaue ich schwer daran. Erst mit etwas Abstand kann ich das auch dankbar annehmen und konstruktiv damit umgehen.

5. **Im Rahmen einer Firmenversammlung ruft Sie Ihr Vorgesetzter spontan nach vorne und lobt vor der gesamten Belegschaft Ihren Einsatz im letzten Quartal.**

A) Ich laufe tiefrot an und würde am liebsten im Boden versinken: so peinlich!

B) Ich bin stolz, winke aber lieber ab – und bleibe in der Menge der Kollegen stehen.

C) Ich strahle bis über beide Ohren über das Lob und gehe ganz stolz nach vorne. Mein Herz klopft ziemlich, wenn alle schauen – ich bedanke mich vielmals, auch bei meinem Team.

D) Ich gehe selbstbewusst nach vorne – und gehe bei der Gelegenheit gleich auf einige Details ein, z.B. was in welchen Abteilungen nicht so gut läuft und was wir da verbessern sollten.

6. **Ein begeisterter Kunde ruft an und bittet Ihre Kollegin, ihn mit Ihnen zu verbinden, denn »Sie seien das beste Pferd im Stall«. Ihre Kollegin ist amüsiert und erzählt das in der ganzen Firma weiter. Daraufhin werden Sie ständig geneckt.**

A) Ja, die Kollegen! Ich mache mit bei dem Spaß, es meint ja niemand böse.

B) Das finde ich unmöglich! Die Neider sollen mal schön ihren Mund halten.

C) Eigentlich bin ich schon stolz und das Kompliment meines Kunden freut mich sehr. Aber »Pferd«? Die Umschreibung hätte es nun nicht gebraucht. Bei den Neckereien der Kollegen bin ich mir nicht so sicher, wie ich sie nehmen soll.

D) Ich weiß nicht, ob ich lachen oder weinen soll. Jetzt nimmt mich womöglich keiner mehr ernst oder hält mich am Ende für einen »Streber«.

7. Sie möchten gerne eine Gehaltserhöhung. Warum sollte Ihr Chef Ihnen eine geben?

A) Ich weiß, was ich kann. Mein Chef weiß das, wir haben einen guten Kontakt und ich bekomme bzw. hole mir auch Rückmeldung von ihm.

B) Weil er hoffentlich sieht, was ich kann.

C) Wenn er mir keine Erhöhung gibt, bin ich eben weg, das sage ich ihm auch unverblümt.

D) Weil ich gute Leistung bringe. Ich suche ein Gespräch und liste vorher für mich die Vorteile für die Firma noch einmal auf, um gut vorbereitet zu sein.

8. Jeder ist ersetzbar. Finden Sie das auch?

A) Mag sein – aber nicht, wenn man sich unersetzlich macht.

B) Absolut. Besonders heutzutage, wo es so viele Bewerber pro Stelle gibt. Da kann sich eine Firma ja echt aussuchen, wen sie möchte.

C) Ja. Ich denke schon, dass das stimmt.

D) Ja, Positionen sind ersetzbar. Aber die Menschen, die sie innehaben, nicht ohne Weiteres.

9. Wer ist in der besseren Position – der Arbeitgeber oder der Arbeitnehmer?

A) Es kommt drauf an. Sicher gibt es viele Bereiche, in denen die Firma die Fäden in der Hand hält und man als Arbeitnehmer nicht viel tun kann.

B) Die Möglichkeiten, besonders arbeitsrechtlich, sind häufig auf Arbeitnehmerseite.

C) »Bessere Position« – Was ist denn damit gemeint? Ich sehe das immer beidseitig – wenn einem etwas nicht passt, sollte er es mit dem anderen klären.

D) Ich fürchte, dass der Arbeitgeber immer am längeren Hebel sitzt.

10. Kann man im Beruf überhaupt so sein, wie man ist?

A) Ja, ich bemühe mich schon, so zu sein wie ich bin. Aber irgendwie ist das auch nicht das Wahre. Ich werde gar nicht so anerkannt.

B) Ich finde sogar, dass man das muss. Man gibt doch nicht sein Mensch-sein an der Stechuhr ab, wir sind immer »ganze Menschen«.

C) Dienst ist Dienst und Schnaps ist Schnaps. Und genauso will ich das auch getrennt haben: Im Beruf spiele ich die Rolle, die von mir erwartet wird.

D) Ja. Meistens schon.

Die vier Typen

Typ I: Weniger ist mehr

Sie treten schon selbstbewusst auf. Allerdings mit einer Prise Selbstüberschätzung. Ihre etwas laute Art kann leicht zu Problemen mit den Kollegen führen. Schade! Weniger ist manchmal mehr. Seien Sie berechtigterweise stolz auf das, was Sie können – aber bleiben Sie selbstkritisch. Denn so perfekt wie Sie gern sein möchten, sind Sie nicht. Das Feedback von anderen kann Ihnen dabei helfen, Ihr Profil vorteilhaft abzurunden.

Typ II: Gratulation!

Sie wissen, was Sie können – und geben auch mal Fehler zu. Ihr Selbstbewusstsein hilft Ihnen, offen auf andere zuzugehen. Sie werden bemerkt und machen auch aktiv auf sich aufmerksam. Im Kollegenkreis und auch bei Ihrem Vorgesetzten werden Sie deshalb geschätzt. Man gibt Ihnen gerne Feedback und fragt Sie auch nach Ihrer Meinung. Sie streben nach Weiterentwicklung – und werden Ihren Weg auch machen.

Typ III: Ganz so sicher sind Sie nicht

Es klappt meistens, aber nicht immer, dass Sie sich gut dosiert in Szene setzen. Manche Menschen und Situationen bringen Sie doch noch ins Grübeln – oder schaffen es, Sie zu verunsichern. Das kann dazu führen, dass Sie so manche Chance nicht rechtzeitig wahrnehmen. Analysieren Sie die Situationen etwas näher, in denen Sie sich nicht sicher fühlen, und arbeiten Sie daran. Damit schaffen Sie sich ein gutes Fundament, und man kann Ihnen nicht so einfach den Teppich unter den Füßen wegziehen.

Typ IV: Selbstbewusstsein ist gefragt

Oops! Das ist noch nicht so, wie Sie es gern hätten. Kein Wunder – wenn Sie Ihr Licht unter den Scheffel stellen. Sie vergleichen sich zu viel mit anderen – und haben auch nicht immer einen realistischen Blick. Andere sind in Ihren Augen tendenziell besser als Sie und an sich selbst sehen Sie stärker die Defizite und Misserfolge als Ihre positiven Eigenschaften. Das Buch wird Ihnen dabei helfen, diese Fähigkeiten in den Vordergrund zu stellen, wahrzunehmen und zu schätzen.

Websites, die weiterhelfen

→ www.selbstmarketing.de
Website der Autorinnen mit vielen Online-Tipps

→ www.zeitzuleben.de
Online-Magazin mit zahlreichen guten Texten rund um Themen wie Lebensqualität, Karriere und Kommunikation

→ www.infoquelle.de
Online-Magazin mit umfassenden Berufstipps

→ www.mwonline.de
Informative Website für Führungskräfte und solche, die es werden wollen

→ www.langenscheidt.aol.de
Fremdwörter online erklärt

→ www.owad.de
One word a day – hier können Sie Ihr Englisch aufpolieren

→ dict.leo.org (ohne www-Angabe eintippen!)
sehr gutes Englisch/Deutsch – Deutsch/Englisch-Wörterbuch

→ www.testedich.de
IQ, EQ und sonstige Tests online

→ www.abkuerzungen.de
Abkürzungen erklärt

→ www.akademie.de
Online-Workshops

→ www.akad.de
Fernkurse

Christine Öttl und Gitte Härter stehen Ihnen auch für Trainings, Coachings und Vorträge zur Verfügung:

objektiv.
St.-Cajetan-Straße 10
81669 München
Tel. (0 89) 40 90 69 61
Fax (0 89) 40 90 69 63
E-Mail: objektiv@selbstmarketing.de

Bücher, die weiterhelfen

→ Covey, Stephen R.: Die sieben Wege zur Effektivität. Ein Konzept zur Meisterung Ihres beruflichen und privaten Lebens. Heyne, München.

→ Enkelmann, Nikolaus B.: Charisma. Beruflichen und privaten Erfolg durch Persönlichkeit. mvg, Landsberg am Lech.

→ Goleman, Daniel: Emotionale Intelligenz. DTV, München.

→ Gross, Stefan F.: Beziehungsintelligenz. Talent und Brillanz im Umgang mit Menschen. verlag moderne industrie, Landsberg am Lech.

→ Jeffers, Susan: Selbstvertrauen gewinnen. Die Angst vor der Angst verlieren. Kösel, München.

→ Kushner, Malcolm: Erfolgreichen präsentieren für Dummies. MITP-Verlag, Bonn.

→ Märtin, Doris: Image-Design. Die hohe Kunst der Selbstdarstellung. Heyne, München.

→ Schulz von Thun, Friedemann: Miteinander reden 1-3. Rowohlt, Reinbek bei Hamburg.

→ Sternberg, Robert J.: Erfolgsintelligenz. Warum wir mehr brauchen als EQ und IQ. Lichtenberg Verlag, München.

Register

Register 125

impressum

Redaktionsleitung:
Steffen Haselbach
Redaktion: Andreas Kobschätzky
Lektorat: Andrea Voss
Bildredaktion: Daniela Jelinek
Umschlagfotos: Andreas Hosch

Umschlag und Gestaltung: indepedent Medien-Design, Petra Schmidt
Herstellung: Ute Hausleiter
Satz: EDV-Fotosatz Huber
Verlagsservice G. Pfeifer, Germering
Repro: Repro Ludwig, Zell am See
Druck: Appl, Wemding
Bindung: Sellier, Freising

ISBN: 3-7742-3614-3

Auflage	4.	3.	2.	1.
Jahr	2005	2004	2003	2002

Fotos

Bavaria: S.50. Corbis: S. 16. IFA-Bilderteam: S. 8, 13, 73, 78, 82. Imagine: S. 109. Mauritius: S. 21, 33, 41, 64, 100. Pictor: Inhalt, S. 6, 24/25, 31, 47, 113. Premium: S. 17. stone: Inhalt, S. 4/5, 48, 52/53, 54, 57, 67, 76/77, 93, 97, 105. The Image Bank: S. 19, 35, 38, 61, 88, 110. zefa: S. 26, 28, 40.

Umwelthinweis

Dieses Buch wurde auf chlorfrei gebleichtem Papier gedruckt. Um Rohstoffe zu sparen, haben wir auf Folienverpackung verzichtet.

Wichtiger Hinweis

Die Beiträge in diesem Buch sind sorgfältig recherchiert und entsprechen dem aktuellen Stand. Abweichungen, beispielsweise durch seit Drucklegung geänderte Preise, Gebühren, Anlageentwicklungen, WWW-Adressen etc., sind nicht auszuschließen. Weder Autor noch Verlag können für eventuelle Nachteile oder Schäden, die aus den im Buch gegebenen praktischen Hinweisen resultieren, eine Haftung übernehmen.